노동, 우리는
정말
알고 있을까?

노동, 우리는 정말 알고 있을까?

제1판 제1쇄 발행일 2018년 11월 3일
제1판 제4쇄 발행일 2021년 10월 9일

글_ 노현웅·고한솔·신민정·황금비·장수경·임재우
그림_ 이재임
기획_ 한겨레신문사(주), 책도둑(박정훈, 박정식, 김민호, 김위종)
편집_ 엄기수
디자인_ 정하연
펴낸이_ 김은지
펴낸곳_ 철수와영희
등록번호_ 제319-2005-42호
주소_ 서울시 마포구 월드컵로 65, 302호(망원동, 양경회관)
전화_ (02)332-0815
팩스_ (02)6003-1958
전자우편_ chulsu815@hanmail.net

ISBN 979-11-88215-16-4 03330

철수와영희 출판사는 '어린이' 철수와 영희, '어른' 철수와 영희에게
도움 되는 책을 펴내기 위해 노력하고 있습니다.

노동, 우리는 정말 알고 있을까?

정밀화로 그려낸 우리 시대
노동자의 삶, 노동 orz

글
노현웅
고한솔
신민정
황금비
장수경
임재우

그림
이재임

철수와영희

머리말

노동 현장의 언어를 있는 그대로 기록한 '노동orz'

이 책은 2017년 12월부터 2018년 7월까지 〈한겨레〉 24시팀 기자들이 직접 체험한 '균열 일터' 현장에 대한 기록입니다. 〈한겨레〉 기자들은 각각 제조업 주야 맞교대, 콜센터, 초단시간 노동, 배달대행업체, 게임업계 QA 등에 직접 취업해 극단으로 치닫고 있는 노동 현장의 모순을 온몸으로 물었습니다.

비정규 노동 현장에 대한 우려는 차고 넘칩니다. 자본의 고도화, 기술의 발전으로 노동은 갈수록 설 곳을 잃어가고 있습니다. 분열된 노동은 제각기 모순을 끌어안고 갈수록 왜소해지고 있습니다. 정책과 통계, 깃발과 함성은 조각난 노동을 간접적으로 증명하고 있습니다. 그러나 누구나 알고 있는 것 같은 그곳, 노동 현장에 대한 살아 있는 기록은 찾아보기 어려웠습니다. '하루살이' 인생인 일간지 기자들이 반년 넘게 비정규 노동 현장에 뛰어들 수 있었던 이유는, 한국 사회의 가장 큰 모순이 여전히 그곳에 있다는 믿음 때문이었습니다. 일터에 매인 삶의 모습을 있는 그대로 묘사하고, 그들의 목소리를 공적 영역으로 옮기는 것이 기자의 노동이라 생각했습니다.

이 책은 10년차 이하 젊은 기자들의 땀과 눈물이 밴 기록입니다. 고한솔 기자는 노동시장의 모순이 집적된 5개 업종을 선별해 전체 기획의 윤곽을 구성했습니다. 고한솔 기자는 이어 제조업 주야 맞교대에 뛰어들어 변화하지 않는 장시간 노동 실태를 생생히 묘사했습니다.

수습기자를 갓 마치고 24시팀에 합류한 신민정 기자와 임재우 기자는 각각 콜센터와 게임업계에 투신해 IT 기술 발전에 따라 오히려 퇴보하고 있는 노동권의 현장을 포착했습니다. 신민정 기자는 콜센터 업계에 만연한 감정노동 실태와 함께 '화출', '화착'으로 대표되는 감시 노동의 진화상을 드러냈습니다. 임재우 기자는 '크런치 모드'로 대표되는 게임업계 '쥐어짜기' 관행의 근저에 깔린 체념을 감지해냈습니다.

황금비 기자와 장수경 기자는 노동시장의 재빠른 움직임을 포착하지 못하는 법 제도의 공백지를 고발했습니다. 황금비 기자가 체험한 '주 15시간 미만' 초단시간 노동은 '알바생'이라는 이름 아래, 주휴수당·4대보험·퇴직금 등의 권리를 누릴 수 없습니다. 노동관계법이 사용자를 위해 마련해둔 치외법권인 셈입니다. 장수경 기자는 배달대행업체 라이더로 일했습니다. 법상 자영업자 신분인 배달대행기사는 숫제 노동권의 대상조차 되지 못합니다. '플랫폼'이라 불리는 'O2O'(Online to Offline) 노동의 현장입니다.

기획의 시각적 요소는 이재임 작가가 맡아줬습니다. 이재임 작가는 수만 쪽에 이르는 기자들의 취재 일지를 꼼꼼히 소화한 뒤 만화와 일러스트를 통해 시각적으로 재구성했습니다. 기자들이 일터에서 느낀 막막함과 체념, 불안 등의 정서는 이재임 작가의 손끝을 통해 독자들께 전달됐습니다. 분량이 긴 체험형 내러티브 기사가 가진 단점을 보완한 것 역시 이재임 작가의 공이었습니다.

취재 과정은 녹록치 않았습니다. 고한솔 기자와 장수경 기자는 기계에 손가락이 짓눌리거나 배달 중 교통사고로 부상을 입었습니다. 임재우 기자는 마땅한 게임업체에 취업하는 데 실패해 약 2주간 일한 경험을 제대로 기사화하지 못했습니다. 기획에 참여하지 않은 24시팀 동료들은 이들의 빈자리를 묵묵히 채웠습니다. 장기간 기획에 고생하는 동료들의 모습을 볼 때마다, 팀장의 과도한 욕심에 동료들이 아파하는구나 자책하기도 했습니다.

기획을 진행하면서 현장에 있는 노동자들을 대상화하지 말자고 늘 되뇌었습니다. 한 달이라는 짧은 기간 '위장취업'으로 삶을 박제화할 수 있다고 생각하지도 않았습니다. 기획이 마무리된 뒤에도 노동자들은 그 자리에 남아 있기 때문입니다. 다만 저희는 현장의 언어를 그대로 기록하기 위해 노력했습니다. 일터에서 만난 동료들은 기꺼이 그들의 삶을 열어줬습니다. 뒤늦게 기자 신분과 취재 목적을 알렸을 때 응원을 아끼지 않았던 그들의 따스함은 큰 힘이 됐습니다. 그래서 이 책의 진짜 저자는 가명 뒤에 숨은 수많은 노동자들입니다.

기사를 고치는 '데스킹' 과정 첫 번째 독자로 동료들의 기사를 읽으며 수차례 눈물을 흘렸음을 고백하지 않을 수 없습니다. 저희가 흘린 땀과 눈물이 이 글을 읽을 우리, 노동자들의 마음을 함께 울릴 수 있기를 기대합니다.

—노현웅

차
례

* 이 책은 2018년 한겨레 창립 30돌을 맞아 기획한 '노동orz : 우리 시대 노동자의 초상' 연작 기사를 묶은 것입니다. 사회부 24시팀 소속 기자들은 한 달 동안 비정규 노동자로 살면서 보고 듣고 경험한 일들을 기록했습니다.
* '노동orz'는 낮게 웅크려 왜소해진 우리, 노동자의 삶을 형상화한 모습입니다.
* 본문에 나오는 취재 중 만난 사람들의 이름은 개인 정보 보호를 위해 모두 가명으로 적었습니다.

1

교체되는 부품, 맞교대 제조업 노동자

고한솔

'4차 산업혁명', '초연결사회' 등 거창한 혁신의 시대에
노동자들은 어떤 얼굴을 하고 있을까요.
열심히 일해도 사는 게 팍팍하다는 노동자들은
어쩌면 더 작아진 것은 아닐까요?
깃발과 구호, 통계와 정책으로 살필 수 없는
날것의 모순을 온몸으로 물었습니다.
더 낮게 웅크려 왜소해진 우리, 노동자의 삶을
정밀화로 그려냅니다.

첫 번째 장면은 컨베이어 벨트의 부속품이 되어
낮밤을 바꿔가며 일하는 맞교대 노동자의 삶과 일터인
경기·인천 지역의 제조업 현장입니다.

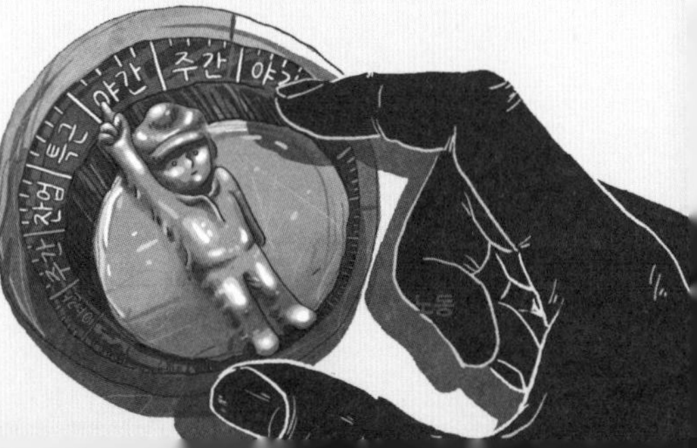

첫 번째
이야기

컨베이어 벨트에 저주를 뱉었다 "망해라"

'탓 탓 탓··· 탓 탓 탓··· 탓 탓 탓···.' 한 치의 오차도 없다. 기계는 시트지가 들어 있는 마스크팩 봉투에 에센스를 채워 넣고 밀봉해 컨베이어 벨트 위에 '탓' 하고 떨어뜨린다. 1초가 안 되는 시간마다 마스크팩 세 개가 차례로 컨베이어 벨트를 타고 작업대 위로 떨어진다. 1분마다 24~25차례에 걸쳐 70여 개의 마스크팩이 시차를 두고 작업대 위로 쏟아지는 셈이다. 작업대 앞에 앉아 제품이 제대로 밀봉됐는지, 유통기한은 선명히 찍혔는지, 정품보증 스티커는 제자리에 붙었는지 검사하는 게 내 일이었다. 기계를 보조해 불량품을 솎아내는 일이다.

지난 2월과 3월 경기·인천 지역을 떠돌며 화장품 제조업과 인쇄회로기판(PCB) 제조업체 주야 맞교대 노동자로 살았다. 주야 맞교대는 두 개 조가 하루 12시간씩 번갈아 일한다. 주간조는 오전 8시 30

분부터 오후 5시 30분까지 일하는데 보통 잔업을 더해 오후 8시 30분에 공장을 나섰다. 야간조는 오후 8시 30분 일을 시작해 잔업을 포함하면 다음 날 오전 8시에 퇴근한다. 2주일마다 낮과 밤을 통째로 맞바꾸는 셈이다.

인천 지역에서 주야 맞교대 일자리를 구하는 건 어렵지 않았다. 한 구인·구직 사이트에 '주야 2교대'를 검색하니 300여 건의 구인 공고가 떴고 그 중 하나를 골랐다. '상여 100%, 주야 2교대, 마스크팩 포장 사원 모집.' 해당 파견업체에 전화를 건 뒤 1시간 30분 만에 면접을 보러 갔고 18분 만에 면접이 끝났다. 7530원의 최저시급을 받는 일자리였지만 지원자는 많았다. 머뭇거릴 틈 없이 모든 과정은 속전속결이었다. 2시간이 채 되지 않아 화장품업체 파견노동자가 되었다. 파견노동자로 한 달 가까이 출근 도장을 찍은 화장품업체는 마스크팩과 기초 화장품을 만드는 중견기업이었다. 인천에서 '화장품 공장'의 '검사·포장 업무'는 특별한 기술이 없는 여성 노동자가 가장 쉽게 구할 수 있는 일자리였다.

야간조로 처음 출근한 지난 3월 5일 저녁 발 디딜 틈 없는 지하철에 올라섰다. 누군가는 저녁 퇴근길의 피로를 달래며 직장 동료와 상사 뒷담화를 나눴고, 누군가는 전화로 저녁 약속 장소를 확인했다. 지하철에서 내려 인천1호선의 한 지하철역 5번 출구 계단을 걸어 올라갔다. 네온사인 불빛이 수놓은 밤 아래 통근버스가 정차했다. "좀 잤어?" "오늘 진짜 한숨도 못 잤어요." 대학생 정아(25)와 잡담을 하며 버스에 올랐다. 버스에 달린 텔레비전에선 저녁 7시 15분부터 방영하는 드라마가 한창이었다. 버스는 인천 시내를 이곳저곳 훑고는 어둠이 내려앉은 공단 안으로 들어섰다.

멱살 잡고 끌고 가는 컨베이어 벨트

주·야간 노동자가 바통 터치하는 교대시간이 되면 7평(23㎡) 남짓한 탈의실이 작업복을 벗고 입는 '언니'(동료를 부르는 일반적 호칭)들로 북적였다. 까만 줄무늬가 그려진 파란색 '제전복'을 입고 위생캡에 마스크, 안전화까지 착용하면 준비 완료다. 탈의실을 지나 작업장으로 들어서면 조장 언니 주도로 5분여의 조회시간이 이어졌다. 기계 소음을 뚫고 지시 사항을 전달하느라 조장 언니의 목소리는 항상 쇳소리처럼 날카롭고 높았다. 오전이든 오후든 8시 30분 정각이 되면 기계는 '철컹' 하고 돌아가기 시작했다. 20여 대의 기계 중 9호기 혹은 11호기를 보조하는 게 내 일이었다.

2월 27일 첫 출근 날, 11호기 앞에 앉았다. 검사는 눈으로만 하지 않는다. 마스크팩을 그러모은 뒤 이리저리 돌려보고 내용물이 터져 나오지 않는지 몸의 무게를 실어 팔뚝으로 '뿌직' 소리가 날 때까지 눌러야 한다. 시간을 절약하기 위해 10여 개의 마스크팩을 포개어 한꺼번에 검사하는데, 라벨은 제자리에 붙었는지(라벨 불량), 마스크팩은 제대로 밀봉됐는지(실링 불량) 등 10여 가지 항목을 10여 초 안에 검사해야 했다. 불량은 따로 빼두고 양품은 350개 들이 상자에 2열로 차곡차곡 쌓았다. 같은 동작을 2500여 번 반복해 3만여 개 마스크팩을 검사하면 하루가 끝났다.

두 손에 든 10여 개의 마스크팩 검사를 미처 마치지 못했는데 컨베이어 벨트 위로 마스크팩이 쉴 새 없이 쏟아졌다. 검사를 기다리던 제품들이 산더미를 이루다 작업대 밖으로 떨어지기 시작했다. 떨어진 마스크팩을 주워 담는 순간에도 마스크팩은 컨베이어 벨트를 타고 작업대 위로 차곡차곡 쌓였다. 밀린 제품을 한쪽 박스에 몰래 치워뒀다. 기계를 만지던 언니의 따가운 눈총이 쏟아졌다. 작업복 상의가 땀으로 흥건해졌다.

기계는 사람을 기다려주지 않았다. 손에 든 마스크팩의 검사도 다 끝내지 못했는데 기계는 독촉하듯 새 마스크팩을 컨베이어 벨트 위로 토해냈다. 자세 고칠 틈도, 간지러운 코를 긁을 틈도 없다. 들리지 않게 누굴 향한지 모를 저주를 내뱉었다. "망해라, 다 망해라." 마스크를 써서 다행이라고 느낀 순간이었다. 몇 번이고 기계가 멈춘 듯 기계 소음이 잦아드는 착각에 시달렸다.

이날 함께 첫 출근한 40대 파견노동자 두 명이 점심을 먹고선 사라졌다. "숨도 못 쉬겠어. 검사할 건 또 좀 많아? 오래 다닌 사람들도 겨우 따라가던데." 이튿날 친구 손을 잡고 온 20대로 보이는 여성 두 명도 자취를 감췄다. 생리가 터진 것 같은데 화장실에 가겠다는 말을 차마 못 했다는 스물세 살 여성도 다음 날 모습을 보이지 않았다. 적어도 3일은 일해야 임금을 받을 수 있다는 '위법하지만 암묵적인 룰'도 이들을 붙잡진 못했다. 일주일 새 그만둔 이들을 세어보다가 그만뒀다. 빈자리가 표 날 새 없이 금방 채워졌기 때문이다.

누구에게나 평등한 기계의 속도

기계의 속도를 정확히 아는 사람은 없었다. 4개월여 일한 한 언니가 1~10호기의 속도는 모두 '25'에 맞춰져 있다고 했지만 '전설'처럼 내려온 이야기를 전할 뿐이었다. 기계를 만지는 대부분의 언니들은 속도를 조절하는 버튼이 어디 있는지 몰랐다. 최고 속도와 최저 속도, 평균 속도는 베일에 싸여 있었다. 그래서 기계는 누구에게나 평등했다. 일한 지 반년이 넘은 언니와 나 같은 초보자가 모두 같은 속도로 일했다. 기계는 사람을 차별하지 않았다.

11호기에서 일하던 3월 2일, 기계를 점검하기 위해서 컨베이어 벨트를 멈춘 상태였다. 컨베이어 벨트를 들어 올려 오른쪽으로 잡아끌던 순간 컨베이어 벨트가 되돌아 나가는 부분에 오른손 중지와 약지가 끼고 말았다. '악' 내뱉은 비명이 주변 기계음에 파묻혔다. 약지 손톱 밑 살점이 3cm 정도 들려 피가 손가락을 타고 흘러내렸다. 기계를 봐주던 언니가 붕대를 반 롤이나 칭칭 감아 간이 깁스를 만

들어줬다. "나도 똑같이 다친 적 있어. 낫는 데 3주 정도 걸리더라." 손가락이 버벅대니 작업 속도는 느려졌고 처리 못한 제품이 컨베이어 벨트 위에서 산을 이뤘다. 보다 못한 언니가 말했다. "속도를 5 정도 낮춰줄게." 기계에 속도를 조절하는 기능이 있고 작업자가 조정할 수 있다는 사실을 처음 알게 된 순간이었다. 조장 언니를 비롯해 일한 지 반년이 넘은 언니 몇몇만이 기계의 속도 조절법을 알고 있었다.

일이 손에 익은 뒤엔 때때로 지루함이 찾아왔다. 시행착오를 거쳐 불필요한 움직임을 덜어내면 머리가 아닌 손으로 일하는 시점이 찾아온다. 내가 기계고 기계가 내가 되는 순간, 시간의 흐름을 인지하는 건 그 자체가 고통이다. 희진(22)이는 왼손에 손목시계를 찬 내게 의아한 듯 물었다. "언니, 시계 왜 차요? 시간 보면 오히려 짜증나지 않아요?" 물론 그런 지루함도 쉽게 허락되지 않았다. 익숙해졌다 싶을 때 속도는 '더 빠르게' 조정됐다. 전숙희(45) 언니가 말했다. "내가 일은 곧잘 하잖아. 그러니까 아예 최고 속도로 높이더라고. 원래 세 타임을 빡세게 뛰면 팔이 안 올라가거든? 그날은 한 타임만 했는데도 팔이 움직이질 않더라고."

12일 새벽 1시 '점심'을 먹고 탈의실에 쪼그려 앉아 한숨 돌리던 차다. 오른쪽 손목에 3mm 높이로 솟아오른 물혹을 발견했다. 손목을 구부리니 손목 한가운데가 볼록 튀어나왔다. 아침 9시 퇴근하자마자 병원을 찾았다. 공단 근처엔 기계에 절단되거나 짓눌린 손만

전문으로 진료하는 '수부 전문 병원'이 있었다. 대기실에서 꾸벅꾸벅 졸다 진료실로 들어갔다. 결정종이라는데 관절에 무리가 가면 생긴다 했다. 어깨와 팔, 손목, 손가락 등 상체를 쉴 새 없이 움직이다 보니 마스크팩을 쥔 채 포개고 접고 돌리던 손가락의 마디마디가 퉁퉁 부었다. 지문 인식으로 잠금 상태를 해제했던 핸드폰은 어느새 내 엄지를 거부하기 시작했다. 물혹은 일을 그만둔 뒤에도 한 달 가까이 없어지지 않았다.

생산직 노동자(설문 응답자 109명) 중 근골격계 증상이 적어도 1주일 이상 지속된 사람의 비율은 90%에 이른다.(남동공단권리찾기사업단 노동자119, 2016년) 근골격계 질환이란 신체 부위를 반복적으로 부적절하게 사용해서 생기는 '골병'이다. 어깨, 허리, 팔다리의 신경·근육 등에 나타난다. 파김치가 되어 점심을 먹을 때였다. 팔이 부들부들 떨려서 밥을 푸지 못하고 버벅댔다. 배식대에서 국을 퍼주던 조장 언니가 웃으며 말했다. "아이고, 국 푸는 속도보다 밥 푸는 속도가 더 느리네."

속절없이 꾸벅꾸벅

3월 6일 새벽 2시 30분 첫 하품이 나왔다. 야간조로 접어든 첫날이었다. 전날인 5일 저녁 8시 30분에 일을 시작해 어느새 자정을 넘겼다. 마스크팩을 들여다보던 눈꺼풀이 무겁게 가라앉았다. 평소 수면 패턴에 비춰봤을 때 영화라도 봐야 깨어 있을 수 있는 시각이었다. 퇴근은 아직 6시간 가까이 남았다.

야간근무 경험이 있는 언니들은 4일 밤을 꼬박 새우고 5일 오후 눈을 붙이고 왔다. 전날 밤을 새우는 데 실패한 나는 출근 전 한숨도 자지 못했다. 새벽 4시 30분 빛 독촉하듯 밀린 잠이 달려들었다. 저항할 새 없이 고개가 고꾸라졌다. 안 되겠다 싶어 일어선 채 작업했더니 이번엔 허리가 고꾸라졌다. 새벽 5시 30분께, 일어선 채 가수 트와이스의 '우아하게'를 흥얼거리기 시작했다. 기계 소음에 파묻혀

노랫소리가 산산이 조각났다. 순간, 오른손이 손가락이 끼었던 그 지점에 닿았다. 차가운 금속성에 섬뜩한 악몽처럼 그날의 고통이 떠올라 눈이 번쩍 떠졌다. 하지만 그것도 잠시, 무서운 악몽이 그저 달콤한 꿈으로 변하며 꾸벅, 속절없이 꾸벅. 철강노동자를 대상으로 사고가 날 뻔했던 경험이나 사고로 실제 다친 경험을 물어보니 교대근무자가 주간고정보다 두 배 정도 횟수가 많았다.(전국금속노동조합 등, 2013년)

생활 패턴은 출·퇴근 시간을 중심으로 180도 바뀐다. 아침은 저녁이 되고, 저녁은 아침이 된다. 야간조로 일한 2주 동안 평일 4시간 이상 잔 적이 없다. 깊게 잠들 수도 없었다. 낮에 자는 4시간과 밤에 자는 4시간은 다르다. 숙면이 어제와 오늘을 구분하는 실선이라면, 토막잠은 지난 출근과 다가올 출근을 구분하는 흐릿한 점선과 같았다. 퇴근길 동료들은 "내일 봐"라고 했다가 '아차차' 웃고는 "이따 봐"라고 말하곤 했다.

잠만 부족한 게 아니었다. 대화도 부족했다. 인천 공단 지역 출퇴근을 위해 경기 부천시 친구의 집에 얹혀살았다. 야간조로 일하고 퇴근하면 집은 항상 텅 비어 있었다. 한낮의 원룸은 고요했다. 친구에게 카톡을 보내봤지만 일에 바쁜지 답은 한참 뒤에 왔다. 평일 저녁 약속은 당연히 모두 취소됐다. 미뤄둔 약속 세 건은 일요일로 몰아 해치웠다. 주변 사람들과의 타임라인이 포개지지 않는다는 사실은 생각보다 많은 것을 포기하게 했다.

기계는 밤에도 쉬지 않고 돌아간다. 작업장에 설치된 기계는 10억대를 호가한다 했다. 멈춰 있는 기계는 쇳덩어리에 불과하다. 비싼 기계일수록 '본전'을 뽑기 위해서 공장을 하루 24시간 365일 돌려야 한다. 하루 12시간씩 20대의 기계를 돌리는 것보다 24시간 10대의 기계를 돌리는 게 더 '싸게' 먹힌다. 50%가 가산된 야간근로수당을 주더라도 사람을 부리는 비용이 더 적다. 한 푼이 급한 노동자 입장에서도 야간수당은 쉽게 포기하기 어려운 유혹이다. 기계와 노동자의 서글픈 '윈윈'이다.

점심시간, 0시 30분

"누워만 있었어." 언니들이 자주 하는 말이다. 잠은 오지 않는데 어떻게든 잠들려고 애썼다는 뜻이다. 최소연(35) 언니는 귀마개와 안대에 의지했다. 아래층에 점집이 들어와 귀마개가 없으면 잠을 못 잔다 했다. 또 다른 파견노동자 우예지(25)는 창문에 암막커튼까지 달아놨지만, 깊은 잠을 자진 못한다. 한 방에 사는 룸메이트가 "언니, 자?" 묻는 말에 "어, 자고 있어"라고 답할 정도라고 웃었다. 최지숙(43) 언니는 잠자리에 들기 전 신김치를 안주 삼은 소주 반병에 기댄다. 주야 맞교대를 하고 있는 금속노동자 10명 중 6명은 불면증 등을 겪는다는 통계가 나온 바 있다.(한국노동안전보건연구소 등, 2011년

수면장애 실태조사 보고서)

3월 8일 박민주(45) 언니가 늘어지게 하품을 했다. 초등학교에 다니는 아들이 수요일마다 학교를 일찍 마치고 오후 1시께 집에 돌아온다. 언니는 "아들이 엄마 붙잡고 종알종알 학교에서 있었던 일 늘어놔 잠을 한숨도 못 잤다"며 웃었다.

낮밤이 뒤바뀐 몸은 가장 '약한 고리'를 통해 고통을 호소했다. 12시간 야간근무 중 점심시간은 한밤중인 0시 30분. 쉬어야 할 소화기관은 짜장밥, 제육볶음 같은 짜고 기름진 '한 끼'를 맞았다. 전숙희 언니는 반찬을 떠 오다 말고 식판을 들고 정수기로 직행한 뒤 물에 밥을 말아 후루룩 마시기 일쑤였다. 10년째 주야 맞교대로 일했다는 또 다른 언니는 늘 사물함에 사이다를 넣어두고 지냈다. 한 달 가까이 그 언니가 몸에 딱 맞는 청바지를 입고 온 걸 본 적이 없다. 박민주 언니는 아예 점심을 거르고 탈의실에 드러누워 잠을 청했다. 만성 소화불량은 이들의 일상이었다.

민주 언니는 "야간 했더니 피부가 또 뒤집어졌다"며 화장 대신 연고를 치덕치덕 바르고 출근하기도 했다. 경기도 안산에서 만난 정규직 노동자 신지애(38) 언니는 야간 노동을 시작하고 6개월 동안 생리불순에 시달렸다고 했다. "내가 올빼미 스타일이거든. 그런데 밤에 쉬면서 깨어 있는 거랑 일하면서 깨어 있는 건 다르더라." 언니는 야간으로 오래 일할 거면 초등학교 근처에선 살지 말라고 조언했다. 하교시간 창밖으로 아이들 떠드는 소리에 잠을 깬 경험 때문이다.

빠르게 식사를 마친 뒤 탈의실은 '지뢰 찾기' 게임장이 됐다. 사실상 유일한 휴식 공간인 탈의실에 드러눕는 사람들이 늘어나 피해 다녀야 하는 탓이다. 집에서 가져온 요가매트, 무릎담요 등을 깔아놓고 15~20분 쪽잠을 청했다. 사물함 좀 열어야 한다며 누군가 말을 건네곤 해 쪽잠도 자는 둥 마는 둥이었다. 누워 있던 지숙 언니가 천장을 바라보며 우스갯소리를 던졌다. "야간 하다보면 월~화, 화~수 이렇게 걸쳐서 살잖아. 그래서 야간 하면 더 빨리 늙나봐." 농담에 메아리는 없었다. 지숙 언니도 딱히 대꾸를 기대하진 않은 듯했다.

달리기로 시작하는 쉬는 시간

2시간에 한 번씩은 단거리 달리기를 했다. 쉬는 시간이 되면 탈의실로 향하는 문에 '병목현상'이 생겼다. 야간 기준 통근버스를 타고 저녁 8시에 회사 도착하면 저녁 8시 30분~10시 30분(1타임), 10시 40분~12시 30분(2타임), 점심시간, 새벽 1시 30분~3시 30분(3타임), 3시 40분~5시 30분(4타임), 5시 40분~8시(5타임)로 일과가 나뉜다. 2시간마다 10분 정도 쉬는 시간이 주어지는 꼴이다.

3월 12일, 새 작업복이 지급됐다. 하얀색 제전복이 하늘색 상·하의 제전복으로 바뀌었고 작업장 밖 복도나 식당 등에서 입어야 할 쥐색 유니폼이 한 벌 더 지급됐다. 탈의실 밖으로 나가려면 제전복만 벗는 게 원칙이었는데, 이제 제전복을 벗고 쥐색 유니폼을 덧입어야 했다. 화장실을 가거나 정수기에서 물을 마시려면 일단 탈의실을 벗어나야 하는데 제전복을 벗고 유니폼을 입는 데 3분, 화장실 다녀오는 데 3분, 다시 유니폼을 벗고 제전복으로 갈아입는 데 3분이 걸렸다. 특히 흡연자들은 불만이 컸다. 담배라도 한 대 태우려면 두 개 층 위 옥상으로 올라가야 한다. 사람들은 담배를 태우면서도 힐끗힐끗 시계를 살폈다.

그래도 이곳 사정은 나은 편이었다. 2월 출근했던 경기도 안산의 인쇄회로기판(PCB, 피시비) 공장은 점심시간 1시간을 쪼개 휴식시간을 마련했다. 1시간이 오전 쉬는 시간 10분, 점심시간 40분, 오후 쉬는 시간 10분으로 나뉜 셈이다. 저녁시간은 30분이었는데 허겁지겁 밥 먹고 '식후땡'으로 담배 한 대 피우면 귀신같이 작업장으로 복귀할 시간이 됐다. 지애 언니는 점심시간이 1시간에서 40분으로 줄어든 1년 전 직접 노동법까지 들춰봤다고 했다. "'8시간 일하면 1시간 이상의 휴식을 부여해야 한다'고 쓰여 있는데, 뭐라 할 말이 없더라고." '최소'를 규정해둔 법 규정은 현장에 가면 늘 '최대'가 됐다.

'선택'의 탈을 쓴 잔업·특근

"잔업?" 짧은 두 음절의 물음은 때로 '잔업하자'는 네 음절이 됐다.

야간 · 교대작업 시 발생한 산업재해 현황

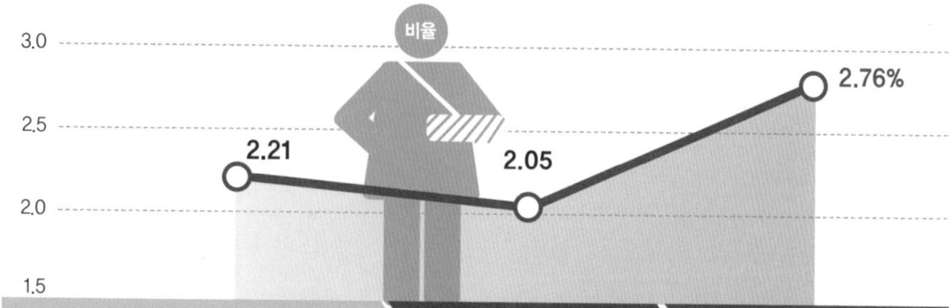

	2010년	2011년	2012년
야간·교대 작업	2180명	1910명	2545명
전체 산업재해자	9만 8645명	9만 3292명	9만 2256명

야간 · 교대작업 시 발생한 사고성 재해 및 업무상 질병 발생 현황

항목	구분	2010년	2011년	2012년
사고성 재해	부상	1917(98.2)	1709(99.7)	2229(98.5)
	사고 사망	36(1.8)	23(1.3)	33(1.5)
	소계	1953(89.6)	1732(90.7)	2262(88.9)
업무상 질병	발병	192(84.6)	156(87.6)	240(84.8)
	질병 사망	35(15.4)	22(12.4)	43(15.2)
	소계	227(10.4)	178(9.3)	283(11.1)
계		2180(100)	1910(100)	2545(100)

(단위 : 명, %)

출처 : 안전보건공단(2013년), 〈야간작업 및 교대작업〉 직업건강 가이드라인

조장 언니는 매일 어깨를 툭툭 치며 잔업 여부를 확인했다. 하늘 같은 조장 언니가 '잔업하지 않을래?'도 아니고 '잔업하자' 권하는데 '아니요'라 말하긴 어려웠다. 구인 공고에 '잔업·특근 의무 아님' 문구가 적혀 있지만, 급한 일이 있을 때 하루 이틀 빠질지언정 자유롭게 선택할 순 없었다. 내가 빠진 몫을 결국 다른 누군가가 떠맡아야 한다는 점을 알게 됐기 때문이다. '칼퇴근' 시간인 새벽 5시 30분에는 통근버스를 운행하지 않는단 점도 잔업을 해야 할 이유가 됐다. 버스정류장까지 10분을 걸어가 한참을 기다려 버스를 두 번 갈아타면 지하철역에 도착하는데, 여기에만 40~50분이 걸렸다.

잔업·특근을 거부하기 힘든 이유는 또 있다. 하루 8시간 기본 근무만 하면 한 달 209시간을 일해 157만 3770원을 손에 쥐게 된다. 2017년 4인 가구의 최저생계비(중위 소득 60%)인 268만 원의 절반을 조금 넘는 돈이다. 잔업 2시간 30분을 더해 새벽 잔업 기준 3만 120원(7530원 × 150% × 2.5시간 + 7530원 × 50% × 0.5시간)을 더 벌 것인가, 새벽 칼퇴근 뒤 버스를 갈아 타는 수고를 더해 컴컴한 집에 조금 일찍 들어갈 것인가, 두 가지 선택지를 놓고 고민해야 했다. 답은 정해져 있었지만, 어떤 선택에도 아쉬움은 남았다.

결근도 마찬가지다. 말없이 결근하면 하루치 임금은 물론, 근로기준법, 취업 규칙 등에 의해 주휴수당, 만근수당, 상여금이 깎이기 때문에 눈앞에서 30여만 원이 순식간에 날아간다. 누군가에겐 한 달 치 월세고, 누군가에겐 자녀 학원비일 돈이다. 언니들이 식은땀을

흘려가면서 죽어라 공장에 나오는 이유다. 어쩌다 잔업이 없어 어쩔 수 없이 '칼퇴근'을 해야 했던 9일, 한 언니가 말했다. "이럴 때 쉬어야지, 언제 쉬겠어?" 그렇게 말한 언니는 정작 잔업·특근이 많은 회사를 찾아 떠났다.

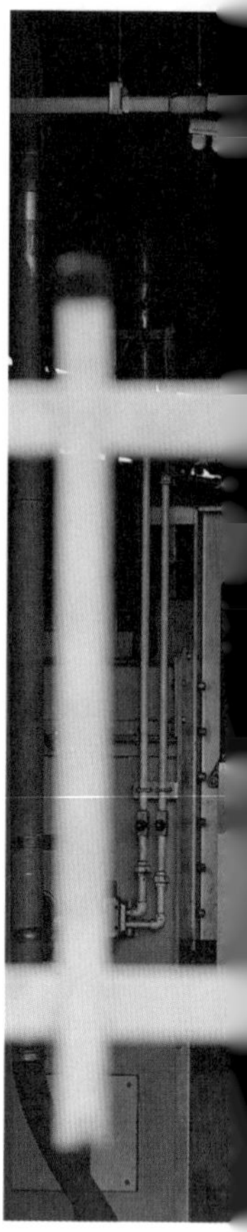

내가 소속된 파견업체는 구인 공고에 수식 하나를 제시했다. '(여) 기본급 157만 3770원+상여 100%+만근수당+연차수당+잔업(150%)+특근(150%)+심야(50%)' 이 모든 항목을 더했을 때 300만 원의 월급을 받아갈 수 있다는 설명이었다. 잔업을 포함해 하루 10.5시간씩 일하고 토요일, 일요일까지 하루도 쉬지 않고 주말 특근을 '풀'(full)로 뛰어 한 달 303시간(3월 기준)을 일해야 도달할 수 있는 액수였다.

나는 2월 27일부터 3월 18일까지 일하면서 나흘을 제외하곤 '풀 잔업'을 뛰었고 주말 특근을 한 번 했다. 모두 162만 5235원의 급여를 받았다. 이틀치 주휴수당과 야간 식대 9일치가 포함된 금액이다.

멈추지 않는 무한 루프

3월 16일 야간 출근 마지막 날 언니들은 저마다 컵라면을 들고 왔다. 희숙(45) 언니가 말했다. "오늘 야간 끝나는 날이잖아. 기

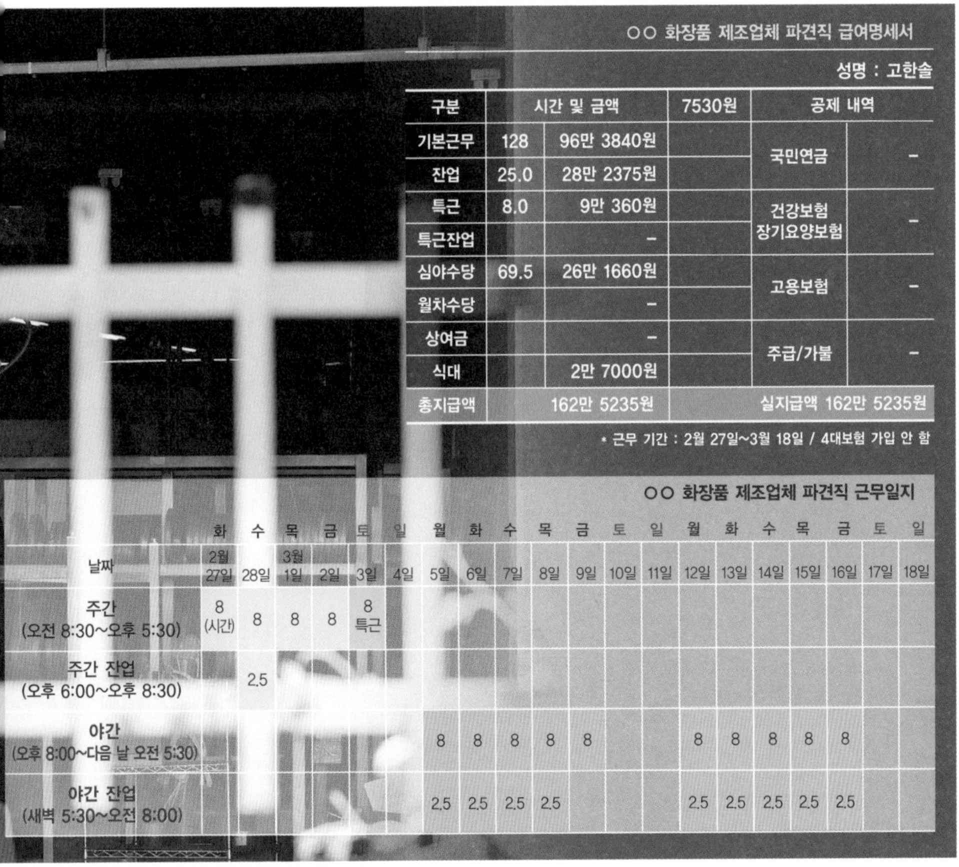

○○ 화장품 제조업체 파견직 급여명세서

성명 : 고한솔

구분	시간 및 금액		7530원	공제 내역	
기본근무	128	96만 3840원		국민연금	-
잔업	25.0	28만 2375원			
특근	8.0	9만 360원		건강보험 장기요양보험	-
특근잔업		-			
심야수당	69.5	26만 1660원		고용보험	-
월차수당		-			
상여금		-		주급/가불	-
식대		2만 7000원			
총지급액	162만 5235원			실지급액 162만 5235원	

* 근무 기간 : 2월 27일~3월 18일 / 4대보험 가입 안 함

○○ 화장품 제조업체 파견직 근무일지

	화	수	목	금	토	일	월	화	수	목	금	토	일	월	화	수	목	금	토	일
날짜	2월 27일	28일	3월 1일	2일	3일	4일	5일	6일	7일	8일	9일	10일	11일	12일	13일	14일	15일	16일	17일	18일
주간 (오전 8:30~오후 5:30)	8 (시간)	8	8	8	8 특근															
주간 잔업 (오후 6:00~오후 8:30)		2.5																		
야간 (오후 8:00~다음 날 오전 5:30)							8	8	8	8	8			8	8	8	8	8		
야간 잔업 (새벽 5:30~오전 8:00)							2.5	2.5	2.5	2.5				2.5	2.5	2.5	2.5	2.5		

넘으로 컵라면 한번 먹어줘야지." 뜨거운 국물이라도 마셔야 속이 풀리는데 저녁 배식 때 만들어놓은 국이 항상 미지근했다. 언니들은 참치캔도 싸 와서 컵라면에 부었다. 야간근무가 마무리되는 것을 자축하는 파티치곤 소박한 메뉴였다. 테이블 여기저기서 후루룩 소리가 들렸다.

언니들은 이전에 스쳐 지나간 공장들을 언급하며 “그래도 여기가 낫다”고 위로했다. “그래도 우리는 앉아서 일하잖아. 기계 만지는 언니들 봐, 내내 서 있잖아.” “저번에 일한 공장은 완전 다 쓰러져가는 데였어요. 그래도 여긴 깨끗해서 괜찮은 거 같아요.” “야, 자동차 부품 회사 다니는 언니는 혼자서 기계 열 대를 봐. 점심도 교대로 먹으러 간다.” 언니들은 이전에 스쳐 왔던 공장들을 언급했다. 서로 되뇌는 경험담들은 결국 언니들 자신에게 하는 말처럼 들렸다.

낮밤이 뒤바뀐 지 2주일이 가까워질수록 하품이 쏟아지는 시각이 늦춰졌다. 수면의 질도 점차 나아졌다. 몸이 시간대에 적응을 하는 게 느껴졌다. 그러나 다음 주부터 다시 아침 8시 30분부터 일한다. 야간·주간의 무한 루프다. 3조 2교대로 1년 가까이 일했다는 민주 언니가 단시간에 생체 시계를 180도 돌려놓는 팁을 전수해줬다. “토요일 아침에 퇴근해서 한숨도 자지 마. 어떻게든 버텨서 밤에 자고 일요일 아침에 일어나면 돼.” 토요일 밤 잠이 들 때까지 금요일 오후부터 30시간 넘게 뜬눈으로 지새워야 한다는 이야기다. 그날 탈의실에서 옷을 갈아입는 언니들 사이로 확인되지 않은 소문이 돌았다. “다음 주부터 기계 속도를 최고로 올린대. 물량 뽑아내야 해서 그런가봐요. 또 죽어나겠네.”

한 달을 목표로 한 ‘위장취업’을 마무리할 시점, 언니들과 짧은 인사를 마치고 공장을 나섰다. 익숙한 이별인 듯, “좋은 데 가면 알려줘” 실없는 농담을 던질 뿐 언니들은 자세한 사정은 묻지 않았다. 전화를 받지 않는 파견업체엔 문자를 보냈다. "사정이 생겨 다음 주부터 출근을 못할 것 같습니다. 전화가 안 돼 일단 문자 먼저 드립니다." 30분 뒤 답장이 왔다. "담당 조장이나 반장에게 받으신 피복을 반납하셔야 됩니다. 미반납 시 급여에서 공제됩니다." 왜 그만두는지, 더 일할 수는 없는지 묻지도 따지지도 않았다. 취직도, 퇴사도 속전속결이었다.

'탓 탓 탓… 탓 탓 탓….' 그날 밤 꿈이 익숙한 소리로 찾아왔다. 차례로 떨어지던 마스크팩이 작업대 밖으로 쏟아졌다. 그래도 컨베이어 벨트는 개의치 않고 작동했다. 꿈에서도 멈추지 않던 그 컨베이어 벨트는 주·야간으로 교차하며 끝도 없이 이어지는 뫼비우스의 띠를 닮았다. 나는 위장취업을 끝냈고 이제 그 무한대의 시간에서 뛰어내렸다. "월급 받으면 아귀찜을 먹자"던 언니들의 약속은 지켜졌을까. 지금은 언니들한테 한밤일까, 한낮일까. 문자라도 보내볼까, 핸드폰으로 향하던 손이 멈칫했다.

두 번째
이야기

언니들은 언제든 교체되는 '부품'이었다

박희정(51) 언니의 하루는 빈틈이 없다. 지난 3월 언니는 야간근무로 하룻밤을 꼬박 새우고 오전 9시께 집에 도착했다. 늦게 집을 나서는 첫째와 남편의 아침을 차리고 세탁기를 돌렸다. 혼자 먹는 점심을 대충 해결하니 오후 2시. 그제야 잠자리에 들었다. 잠이 안 와 휴대전화로 고스톱을 치다가 그것도 마땅치 않아 이불을 뒤집어썼다. 그날은 비몽사몽 하다 저녁 6시께 잠에서 깼다. 주간근무 때 6~7시간을 잔다면, 야간근무 땐 보통 2~3시간 잔다. 저녁 8시 30분 야간조 출근 전에는 동태전을 부치고, 김을 구웠다. 달래간장도 만들어 뒀다. 제각기 다른 시간에 귀가하는 두 자녀의 저녁상이다. 기계와 함께 밤을 꼴딱 새우지만, 집안일은 누가 대신 해줄 수 있는 게 아니다.

언니는 마흔 중반에 접어들어 공단에 들어왔다. 아동복 가게를 하다가 반년 만에 접고 미용실을 시작했다가 건강이 나빠져 다시 휴업했다. 누군가 언니 쉬는 꼴을 시샘이라도 했을까. 그새 남편 사업이 부도를 맞으면서 5천만 원의 빚이 생겼다. 예체능 계열인 첫째의 학원비 180만 원도 외면할 수 없었다. 언니는 '스리잡'을 뛰기 시작했다. 아침에 생식을 배달했고 오후엔 보험 영업을 뛰었다. 밤엔 화장품 용기 제조업체에서 12시간씩 야간 고정으로 일했다. 넉 달 뒤 '바쁜 시즌이 지났다'는 이유로 야간조가 사라졌다. 스리잡이 투잡이 됐을 뿐이다.

얼마 뒤 자동차 부품공장으로 직장을 옮겼다. 정직원으로 5년 넘게 일했다. 하루 11시간에서 최대 16시간 가까이 일했다. 아침 8시 30분부터 일하다 물량이 많으면 자정을 넘겨서 퇴근하는 식이었다. 한창 바쁠 땐 이틀에 한 번씩 그랬다. 목과 허리에 디스크를 얻었다. 더는 일할 수 없었다. 직장을 그만두고 잠시 쉬다 파견업체를 통해서 주야 맞교대 일자리를 얻었다. "남편이 대학 보내준다고 결혼하자고 했었지. 그런데 대학은커녕 '인생 대학'만 엄청 보내줬네." 언니가 마른 웃음을 지었다.

50대 희정 언니도, 갓 고등학교를 졸업한 희진이도 이곳에선 모두 '언니'다. 언니들은 "일이 없다"는 이유로 소리 없이 잘리거나 스스로 자취를 감추고 다른 업체에 출근하기도 했다. 이름을 갖지 못한 이들은 모두 '언니'로 불렸다. 언니들의 또 다른 이름은 '주야 맞교대 파견노동자'였다.

꿈을 이루기 위해 보류한 꿈

"○○(이)라고 화장품 만드는 회사 아시죠? 머리카락 들어가면 안 되니까 방진복 입어야 해요. 부담 없죠?"

지난 2월, 인천의 한 화장품 제조공장에 취업하기 위해 ㄱ파견업체에 면접을 보러 간 날이다. 내가 파견노동자로 일하는 업체의 이름은 11번째 질문 끝에, 가서 정확히 무슨 일을 하는지는 18번째 질문 끝에 알게 됐다. 나는 그날로 ㄱ업체 소속으로 공장에서 일하는 파견노동자 20여 명 중 한 명이 됐다. 공장이 설비를 늘리며 '신입'을 대거 채용했다고 했다. 비슷한 시기에 입사한 여성 10여 명은 나름의 '입사 동기'가 됐다.

예지(25)는 일주일 앞서 들어온 파견노동자다. 고등학교 졸업 후 경기도 파주 텔레비전 생산공장에서 주야 맞교대로 2년 동안 일했다. 모아둔 돈으로 친구와 의류 쇼핑몰을 열었지만 사업은 뜻대로 되지 않았다. 예지는 사업을 일으키기 위한 종잣돈을 모으기 위해 다시 주야 맞교대 일자리를 찾았다고 했다.

3월 1일 공장에 예지가 보이지 않았다. 전날 언니들 사이에서 '3·1절이 유급휴일인지 특근인지 일반 출근 처리되는지' 의견이 엇갈리던 차였다. 정답은 '3·1절은 출근해야 하는데, 특근 아닌 정상 출근 처리가 된다'였다. 휴무인 줄 알고 말없이 결근한 사람은 하루치 일당뿐 아니라 주휴수당, 만근수당 등 30여만 원이 순식간에 사라졌다. 이날 예지를 포함해 적어도 두 명이 말없이 결근했다. 다음 날 조회시간 조장 언니의 불호령이 떨어졌다. "(쉬는지 안 쉬는지) 나한테 묻지 말고 파견업체에 물어보세요. 내가 월급 주는 것도 아닌데. 그리고 3·1절, 광복절, 무슨 절, 무슨 절… 우리는 '절'은 안 쉬어요." 입을 삐쭉 내밀던 사람들의 입이 쏙 들어갔다. 예지는 그날부터 하루 이틀 빠지더니 어느새 자취를 감췄다.

예지와 같은 20대 여성 노동자들은 꿈을 잠시 보류해두고 이곳을 찾았다. 대학생 정아(25)는 새터민이다. 부모님, 동생과 차례로 탈북했다고 했다. 경기도 한 공단에서 맞벌이하는 부모님과 떨어져 동생과 둘이 산다. 매일 신문기사를 받아쓰기하며 한글에 익숙해지려고 악착같이 노력했는데, 취업을 하자니 정작 영어가 걸림돌이 됐다. '빡세게' 일해 1년치 대학 등록금과 200여만 원의 동남아시아 국가 어학연수 비용을 마련하는 것이 목표다.

매달 30여만 원의 방세와 생활비를 보태주시는 부모님께 더는 손을 벌릴 수 없었다. 정아는 낮에는 공부하고 밤에는 돈을 버는 '야간 고정' 일자리를 찾다 아쉬운 대로 주야 맞교대 일자리를 구했다. 치위생사를 꿈꾸는 정아는 국가고시를 통과해 작은 치과에서 일하고 싶어했다. 친구들이 카톡방에서 시험공부 하느라 힘들다는 이야기를 할 때마다 눈물이 핑 돈다고 했다. "마스크팩 검사 하면서 머릿속으로 전공 지식을 떠올려봐도 모래알처럼 사라져서 소용이 없어요."

"잔금 청산할 생각에 속이 다 시원해요." 월급 날 희진(22)이의 목소리가 들떴다. 택배 상하차 일을 하는 남자친구와 함께 동거하는데 원룸 월세 40만 원이 나흘 밀렸던 차였다. 관리비 5만 원은 두 달째 내지 못했고 교통카드로 쓰던 신용카드도 끊겼다. 희진의 꿈은 간호조무사다. 한 달 20만 원 정도 내는 간호학원에 다니다 중도에 그만뒀다. 생활비도 빠듯한데, 10개월 과정의 학원을 더는 다닐 수 없었다. 사이가 좋지 않은 부모에게 독립을 선언한 이상 집에 손을 벌릴 수도 없었다. "침대 위에 창문이 달려 있는데 햇살이 너무 세게 내리쬐니까 잠이 잘 안 와요. 그래도 같은 시간 일하는데 돈은 더 주니까 야간으로 일하는 게 훨씬 더 좋은 거 아니에요?" 노동시간을 최저시급에 곱하는 단순한 셈법에 익숙해 보이는 희진에게 야간 노동은 그저 유리한 거래 조건일 뿐이었다.

이들은 "꿈을 이루는 데 돈이 필요하다"고 했다. 3~6개월 바짝 돈을 벌어야 하는데 장시간 일하면서 야간수당도 받는 주야 맞교대 만한 일이 없다고 입을 모았다. 꿈을 이루기 위해 꿈을 잠시 보류해둔 셈이다. 그런 이들에게 이곳은 언젠가는 반드시 떠나야 할 곳이다. 대학생 혜정(23)이가 말했다. "하루 12시간씩 공장에 몸만 처박아두면 시간은 잘 가는데, 난 계속 이렇게 살고 싶진 않아요, 언니."

3일, 이른바 '은박 불량'이 쏟아졌다. 은박 불량은 마스크팩 파우치의 윗면이 아랫면과 정확하게 겹쳐지지 않아 여분의 은박이 외부로 보이는 상태를 뜻했다. 깔끔한 포장에 실패했으니 불량이다. 누군가 불량이 80~100만 장이 발생했다고 말했다. 10여 명의 언니가 기계를 뒤로하고 테이블 두 개에 빙 둘러앉아 밖으로 삐져나온 은박을 잘라내기 시작했다. "회사가 정규직을 적게 뽑아서 그래. 일주일, 한 달 일한 파견직들이 이게 불량인지 어떻게 알겠어." 한 언니가 작게 읊조렸다.

자신을 30대로 소개한 중국 국적의 장수진 언니는 한글로 쓰인 정품 보증 스티커가 거꾸로 붙어 있는지 모르고 검사를 진행하다가 수천 장의 불량을 쏟아냈다. 회사는 엄정했다. 조장 언니는 그에게 사유서를 쓰라 했다. 한국어가 서투른 언니는 하얀색 A4 용지를 앞에 두고 자기 이름만 삐뚤빼뚤 써놓곤 안절부절못했다. 보다 못한 다른 언니가 대신 펜을 쥐었다. "밀려 나오는 제품에 당황해서 검사를 제대로 못 했습니다. 죄송합니다." 수진 언니도 '일을 새로 알아보더라'는 이야기가 들리더니 며칠 뒤 자취를 감췄다. 공단 노동자들의 단기근속 비율(근속연수 1년 미만)은 37.3%에 달한다.(민주노총, 전국공단 실태조사, 2015년)

실제 경기도와 인천 지역을 떠돌며 만난 30대 여성 노동자 대부분은 옮겨 다닌 공장만 적어도 10여 곳이 넘는다고 했다. 주간 고정, 야간 고정, 주야 맞교대, 3조 2교대, 4조 3교대, 교대 형태에 따라 손에 쥐는 돈은 천차만별이었다. 선희(33) 언니는 처음엔 "가볍게" 일을 시작했다고 한다. 4년제 대학을 졸업한 뒤 지역 아동센터에서 일하고 싶었지만 최저임금도 벌지 못했다. '공단에 들어가면 돈을 많이 번다'는 이야기를 듣고 경기도 안산의 복합기 조립회사에서 일하기 시작한 게 8년 전이다. 한 식품 제조공장에서 주야 맞교대로 일할 땐 기계를 아예 세우지 않아 주간조가 기계 앞에서 일어나면 바통 터치하듯 야간조가 자리에 앉아 일을 시작했다고 한다. "야간에 일하면 또 얼마나 졸려. 커피 알갱이만 입에 털어 넣는 언니들도 있었어."

선희 언니는 스스로 언제든 교체할 수 있는 '부품' 같다고 느꼈단다. 공장이 '세팅'해놓은 시간대에 맞춰 살며 주당 60시간 이상 일하는 부품 말이다. 안산·시흥에서 교대 노동을 하는 노동자들의 경우 주당 평균 노동시간은 57.6시간(휴일근무 포함)에 달한다. 출퇴근 등 업무를 위해 소비하는 시간을 포함하면 66.8시간이다. 휴일근무도 정상 근무자는 1.4일인 데 반해 교대 근무자는 2.8일이었다.(안산시비정규직노동자지원센터, 2017년) 기계에 종속된 교대 근무자에게 장시간 노동은 일상이었다.

○○화장품 제조생산본부 생산팀 직원 60여 명 중 정직원은 19명으로 추정됐다. 생산팀 산하 같은 팀에 근무하는 노동자 20여 명 중

정직원 목걸이를 건 사람은 서넛뿐이었다. 정규직 언니들은 작업장에 핸드폰을 들고 다니며 카톡방을 통해 대화했다. 나머지는 적어도 다섯 곳의 파견업체에 소속된 파견노동자였다. 파견법에 의해 '일시적·간헐적'으로 인력을 확보해야 할 필요가 있어 최대 6개월까지 일할 수 있는 파견노동자가 팀의 4분의 3을 차지했다. 이 공장의 사정이 특별한 것 같지는 않았다. 전체 공장의 인원과 비교해 파견노동자가 절반이 넘는 경우가 49%에 달한다는 실태조사 결과도 있다.(인천지역 노동자권리찾기 사업단, 2015년)

'가장'이 되어 다시 찾은 공단

"새로운 선생님은 어떠셔. 좋아?" 지난 3월 2일 박민주(45) 언니는 쉬는 시간 화장실에서 아들과 짧은 통화를 했다. "엄마 다음 주부터 야간이야. … 목소리가 왜 그래. 삐졌어?" 민주 언니는 회원권을 관리하던 남편의 사업이 부도를 맞으며 공단에 발을 들였다. 언니에겐 중학교·초등학교에 다니는 남매가 있다. 야간조로 근무할 때 '피부가 뒤집어졌다'며 화장기 없는 얼굴로 출근하던 언니가 색조 화장을 하고 온 날이 있었다. 둘째 초등학교 담임선생님을 만나고 공장으로 바로 출근했기 때문이다. 이날 언니는 "눈도 못 붙이고 왔다"고 말했다.

결혼해 아이를 키우는 40·50대 언니들은 퇴근 후에도 쉬지 못했다. 집에 가면 집안일과 육아 등 가사노동이 기다렸다. 언니의 수면은 아침상과 점심상, 저녁상 사이 어딘가에 자리했다. 여성 노동자가 짊어지게 되는 '이중 노동'의 딜레마를 주야 맞교대 노동자라고 피해갈 수 없었던 셈이다. 그런 언니들에게 혼자만의 시간은 허락되지 않았다. '연극·뮤지컬'을 좋아한다는 희숙 언니는 가장 최근에 본 공연이 뭔지 기억하지 못했다. "공연 보러 갈 여유도 돈도 없어. 그냥 좋아하는 마음을 갖는 게 취미고 취향이지."

40·50대 언니들은 가족의 생계비와 자녀 학자금, 결혼 비용을 대기 위해 일을 한다 했다. 이런 마음은 국적을 가리지 않았다. 인천공단에서 만난 40대 후반 중국인 장수연 언니는 한국 대학을 다니는 딸의 등록금을 대기 위해 일을 시작했다. 한국에 온 지 5년이 넘은 그는 자동차 부품공장에서 주간 고정 정규직으로 일했다. 지난해 시급은 7800원. 관리자를 제외하곤 대부분 러시아·베트남에서 온 외국인 노동자였다. 이유가 있었다. 위험했기 때문이다. 중국인 동료가 두 엄지손가락을 제외하고 손가락 여덟 개가 절단되는 사고를 눈앞에서 목격했다. 정신적 충격이 컸고 도망치듯 일을 그만뒀다. 한국어가 서툰 언니가 "위험해"와 공단 근처 "○○ 병원"의 이름만큼은 정확하게 발음했던 이유다. 딸은 지방 4년제 대학을 다니며 20여만 원짜리 고시원에서 지낸다. "언니 닮아 예쁘겠다"고 하니 손사래를 치면서도 "나랑 안 닮아서 키는 크다"고 웃어 보였다.

언니들에게 주야 맞교대는 '선택지'라기엔 너무나도 가혹한, 피할 수 없는 조건이었다. 생활비, 자녀 학자금, 결혼 비용 등 저마다 이유를 댔지만 결국은 돈이 무서웠다. 공장의 단순노동은 경력이나 기술이 없는 언니들이 선택할 수 있는 마지막 일터였다. 일이 고되고 험할수록 수당은 따박따박 붙었다. 주간 고정으로 하루 8시간 일하면 한 달 기준 157만 3770원의 기본급여만 손에 쥘 뿐이다.

"우리는 일종의 생체 기계잖아. 야간은 시급 만 원짜리 기계, 주간은 7천 원짜리 기계." 자조하듯 말했지만, 언니들은 기계가 아니라서 자주 아팠다. 전소은(45) 언니의 오른쪽 팔뚝은 군데군데 퍼렇게 물들었다. 팔뚝으로 마스크팩을 눌러 제품을 검사하느라 생긴 멍 자국이다. 언니는 아버지가 드셨다는 관절염 약을 먹는데도 팔의 통증이 낫지 않는다고 했다. 민주 언니도 출근길마다 진통제 몇 알을 입에 털어 넣고는 했다. 비어 있는 사물함 한 칸은 일종의 간이 응급실이었다. 언니들은 저마다 진통제, 반창고, 붕대, 파스를 상자에 넣어 두곤 아픈 언니들에게 달래듯 상비약을 건네곤 했다. "돈 벌러 나와서 병원비도 안 나오게 생겼어. 배보다 배꼽이 더 커질 것 같아도 어떡해, 버텨야지. 버티고 버텨야지."

경기 · 인천에서 만난 여성 노동자의 하루 일과표

박희정(51)

남편, 21 · 27살 두 아들과 거주. 보험 영업, 미용실 등 하다가 남편 사업 부도로 '쓰리잡'할 수 있는 야간 고정으로 44살에 공장 취업

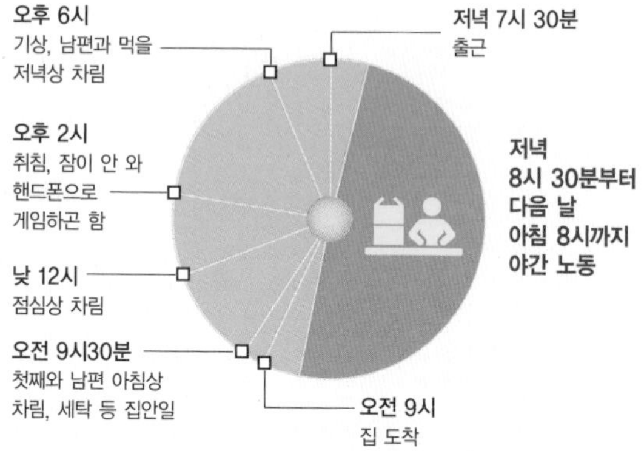

김선희(33)

4년제 대학 졸업 뒤 "돈 많이 번다"는 말에 복합기 회사 취업. 파견노동자로 10여 곳 떠돌다 경기 안산 제약업체 제조공장 정규직 됨

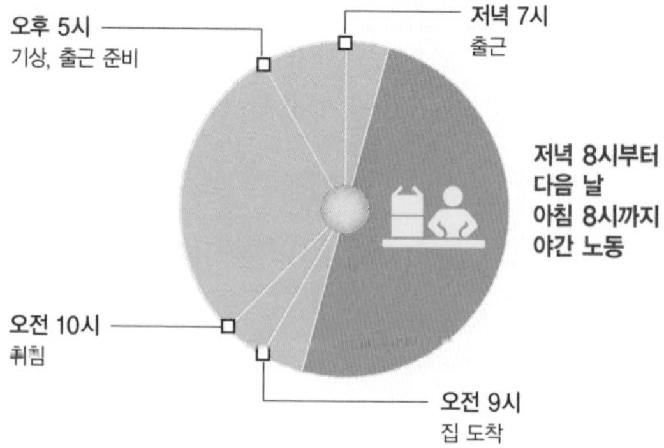

박민주(45)

남편, 초등 · 중학생 남매와 거주. 남편 회원권 사업 부도로 44살 때 3조 2교대 공장 취업

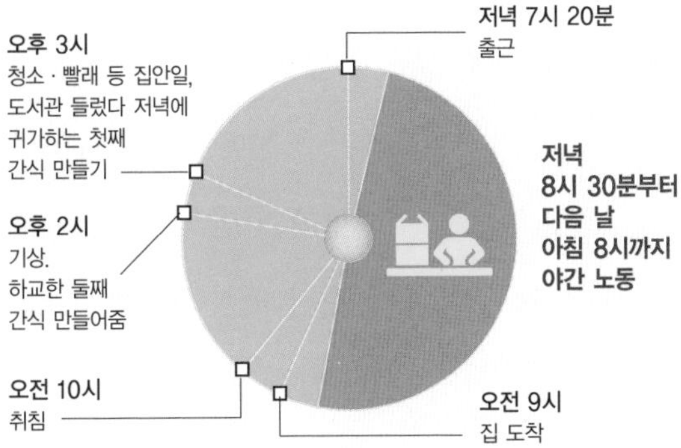

최정아(25)

대학생. 1년치 대학 등록금과 어학연수비 벌기 위해 공장 취업

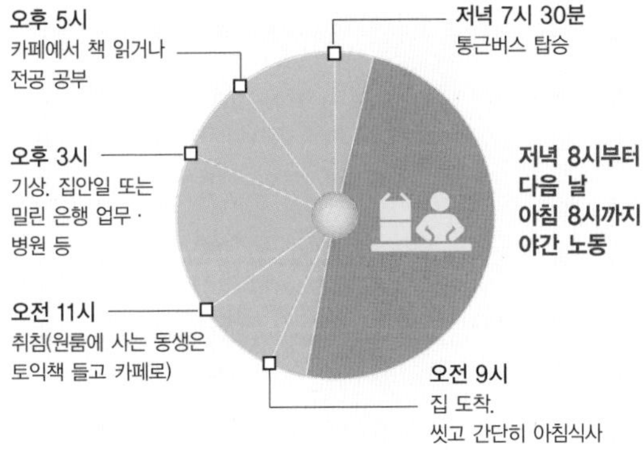

새벽 5시 30분 '계단 만찬'

새벽 5시 30분 야간조 마지막 쉬는 시간이 되면 탈의실은 부산해졌다. 저녁부터 다음 날 새벽까지 쉴 새 없이 일하느라 기진맥진해진 언니 대여섯 명이 음식 섭취가 금지된 탈의실을 나와 공장의 비상계단으로 모였다. 장시간 노동을 버티기 위해서는 쉬는 시간 '당 섭취'는 필수였다. "이 시간만 되면 왜 이렇게 배가 고픈지 모르겠어. 이거라도 먹어야 남은 시간 버틴다." 손에서 손으로 저마다 집에서 챙겨 온 초코파이, 삶은 달걀, 귤, 요구르트가 오갔다. 간식을 입에 밀어 넣듯 해치웠다. 언니들은 계단에서 '크라운산도'를 나눠 먹으며 약속했다. "월급날 되면 아귀찜 먹으러 가자."

마지막 날 마스크팩 2만 1530개를 검사했다. 기계 고장이 잦아 3만 개를 채우지 못했다. 창이 없어 햇빛은 비추지 않았지만 손목시계는 아침 8시를 가리켰다. 친구 사이라는 두 언니가 주고받는 말이 들렸다. "고기 먹자." "아침에 무슨 고기야?" "아니거든? 저녁이거든? 고생하는데 고기라도 먹어야지." "됐고, 라면이나 먹자."

언니들은 이것저것 가리지 않고 최저시급을 받으며 일하다 보니 장시간·야간 노동으로 내몰렸다. 이들은 '살아내기 위해' 저임금을 장시간 노동으로 만회했다. 모든 시간은 '일하기 위한' 시간이었다. 주야 맞교대로 하루 10~11시간씩, 주 52~55시간 노동에 주말 특근을 하면 주 66~78시간까지 초장시간 노동이 가능했다. 유행인 듯

'워라밸'(Work and Life Balance, 일과 삶의 균형)을 외치는 시대지만, 아무도 언니들의 삶은 주목하지 않는다.

내가 일을 그만둔 뒤 희정 언니가 잔업·특근이 더 많은 회사로 옮겼다는 이야기가 들렸다. 월급날 아귀찜을 먹을 때까지 얼마나 많은 언니들이 이곳에 남아 있을까. 언니들은 언젠가 주·야간의 무한 루프를 끊고 어딘가에 안착해 한숨 돌릴 수 있을까. 공장을 나서니 쏟아지는 아침 햇살에 머릿속이 아득해졌다.

나는 '◇◇인력' 소속 '유령' 노동자

'4~5월 생산직 인력 운영 안내'

지난 3월 말 경기도 안산에 있는 연성인쇄회로기판(FPCB) 제조업체 ○사에 다니던 최정민(40대) 언니는 '계약 종료' 통보를 받았다. 카카오톡 메시지를 통해서다. 회사 관리자는 자세한 설명 없이 단체 카톡방에 이미지 파일 하나만 덜렁 공유했다. 언니와 같은 기간제 노동자는 4월 ○일자로 계약이 종료된다는 내용이었다.

파견업체 뒤에 숨은 원청

언니가 ○사에서 일하기 시작한 건 지난해 봄이다. 글로벌 기업에 공급량이 늘면서, ○사는 설비를 늘리고 노동자도 대거 채용했다. 언니는 ○사의 한 사내하도급 업체 소속이었는데, 언니가 속한 라인 담당만 30여 명에서 100여 명으로 순식간에 인원이 불었다. 사업이 커가는 과정이어서였는지, 언니는 정기 심사를 통과해 파견직에서 3개월짜리 계약직으로 전환됐다. 3개월 계약을 한 번 더 연장하면 정규직이 될 수 있다고 했다. 남편의 벌이가 시원치 않아 놀 수만은 없던 차에 얻은 소중한 일자리였다. 언니는 입사 초기 30일 동안 단 하루도 쉬지 않고 일했다고 했다.

그것도 잠시였다. 회사에 위기가 찾아왔다. 물량을 소화해주던 글로벌 기업과의 계약이 끊겼다. 회사는 상여금을 100% 깎더니 노동자를 정리하기 시작했다. 희망퇴직과 무급휴직 중 하나를 선택하라고 했다. 올해 1월 언니는 '무급휴직 동의서'에 서명했다. 회사 사정으로 휴직할 경우 평균 임금의 70%를 휴업수당으로 지급해야 하지만, 회사는 한 푼도 주지 않았다. "몇 달만 참으면 다시 돌아올 수 있다고 믿었지." 언니의 기대는 무참히 깨졌다. 언니는 퇴직금 한 푼 받지 못했다. 다른 소사장 업체까지 합해 2천여 명의 노동자가 잘렸다는 소문이 돌았다.

노동자와 사용자는 노동력과 임금을 교환한다. 그러나 직접 계약을 체결하지 않는다. 사내하청과 파견 등으로 이름 지어진 간접고용 구조 아래 실사용업체인 원청은 파견업체 뒤에 숨었다. 파견업체는 법망을 피하느라 실체를 숨겼다. 노동자는 이렇게 복잡한 구조의 틈새를 부유하듯 떠돌았다. 생산직 구직자와 노동자로 두 달 동안 경기도·인천 지역을 떠돌면서 목격한 '유령'들이다.

‘생산직 정규직 제로 공장’

지난 2월과 3월 사이, 정민 언니를 비롯해 ㅇ사 출신 노동자를 네 명이나 다시 만났다. ㅇ사에서 정착을 꿈꾸던 언니들은 ‘정리해고’ 바람에 새 일을 찾으러 뛰어다녔다. 그중엔 ㅇ사 사내하도급 출신인 김희경(33) 언니도 있었다.

희경 언니는 ㅇ사의 사내하도급 업체에서 1년 넘게 일해 ‘자리를 잡았다 싶었을 때’ 해고됐다. 일하던 업체가 베트남으로 이전하게 됐다는 소식을 전해 듣기만 했는데, 그 업체가 실제 베트남으로 이전했는지는 모른다고 했다. “회사를 해외로 옮긴다고 그만두라는데 어떻게 할 도리가 없잖아.” 희경 언니는 그 뒤 핸드폰 케이스 제조업체에 들어갔다. 그곳은 ‘경영 악화’를 핑계로 첫 달이 지나고부터 월급을 주지 않았다.

ㅇ사는 생산직 군에 사내하도급(소사장) 업체를 최대 23곳(2016년 기준) 두는 방식으로 직접고용을 피하던 ‘악질 기업’이었다. 사내하도급 업체마다 따로 사장(소사장)을 두고 그 업체에 생산직 노동자를 소속시키는 식이다. 그 덕에 ㅇ사의 생산 라인에서 일하는 ㅇ사 정규직 노동자는 ‘제로’에 수렴한다. 이른바 ‘생산직 정규직 제로 공장’이다. ㅇ사에는 사내하도급 파견직, 사내하도급 계약직, 사내하도급 정규직이라는 세 개의 신분이 있었다. 사내하도급 정규직이라고 하더라도 원청인 ㅇ사 정규직으로 도약은 불가능했다. ㅇ사의

사업이 휘청하면서 먼지처럼 떨려 나온 사내하도급 파견·계약직 노동자들이 '유령'처럼 안산·인천 지역을 떠돈 셈이다.

개업과 폐업 반복하는 파견업체 노동자

2월 경기도 안산의 한 회로기판 제조공장에서 2주 가까이 일했을 때다. "어디 파견업체 소속이에요?" 예상치 못한 질문이었을까. 공장에서 만난 효빈(30) 언니는 즉답을 못 했다. "어디더라…." 그는 자신이 속한 회사의 이름을 대지 못했다. 출퇴근 기록 카드에 적힌 파

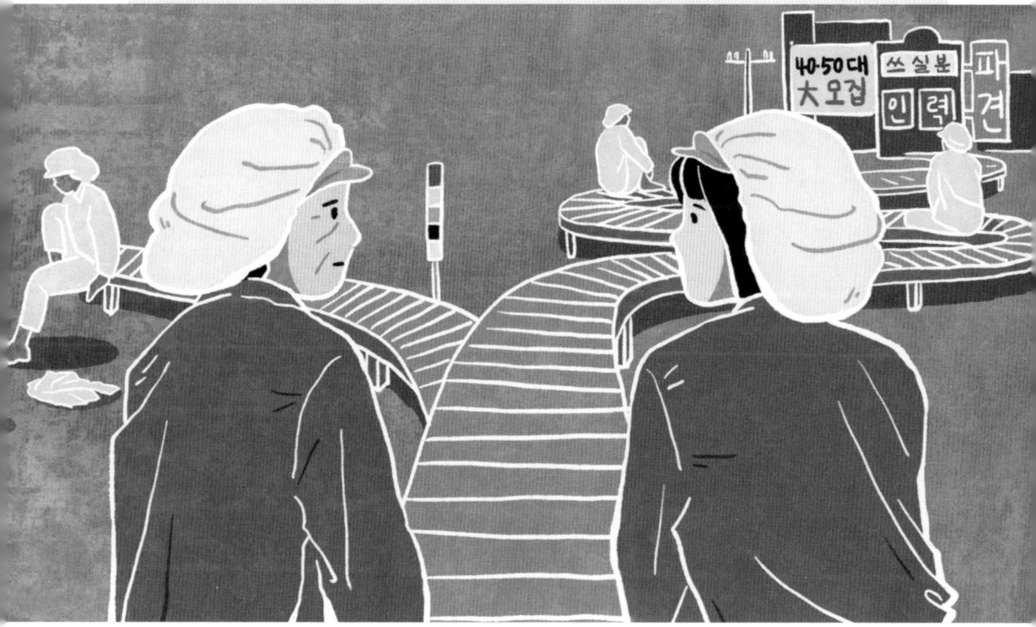

견업체 이름이 6개월마다 바뀐다고 했다. 처음엔 이상하다 생각했지만 이제는 그러려니 한다.

'파견근로자 보호 등에 관한 법률'(파견법)은 제조업 직접생산공정 업무에는 파견노동자를 쓰는 것을 금지하고 있다. '출산·질병·부상 등으로 결원이 생기거나 일시·간헐적으로 인력을 확보해야 할 경우'에만 파견노동자를 고용할 수 있는데 그것도 최대 6개월까지다. 파견업체들은 이 6개월을 넘겨 파견을 이어가기 위해 폐업과 개업을 반복하며 간판을 바꿔 달았다. 같은 업체, 같은 사장인데 △△인력으로 6개월간 노동자를 파견 보내고, 다시 ▽▽시스템으로 이름을 바꿔 파견을 이어가는 식이다. 생산 물량 감소에 따라 해고를 용이하게 하려 간접고용을 선호하는 중소·영세 사업장과 이해가 맞아떨어진다. 이 업체에서 10년 이상 일했다는 한 언니가 머쓱해하는 효빈 언니를 대신해 내게 핀잔하듯 말했다. "괜찮아. 월급만 따박따박 받으면 되지."

바람에 흩날리다 제자리를 찾으면 뿌리 내리는 민들레 씨앗처럼 언니들은 '정착'을 소망했다. 당시 같은 공정에서 일했던 노동자 여섯 명 중 정규직 노동자는 한 명뿐이었다. 나머지 다섯 명의 언니들은 모두 다른 파견업체 소속이었는데, 다들 이곳에서만 2년 이상 일했다고 했다. 일시·간헐적으로 일하는 노동자라기엔 그 수가 너무 많았고 근속 기간도 길었다. 2월 13일 이 업체는 공장 모든 직원에게 설날을 맞아 스팸 선물 세트를 돌렸다. 정규직도 한 개, 파견직도 한 개였다. 한 언니가 씁쓸하게 말했다. "우리 회사가 정규직이랑 파견직이랑 차이를 두진 않아. 사실 파견직이 정규직처럼 일하긴 하지."

지난해 고용노동부가 발표한 2016년 '파견업체 및 사용업체 근로감독 결과'를 보면, 파견 사용업체 775곳 중 100곳에서 모두 2624명의 파견노동자가 불법 파견된 것으로 나타났다. 파견노동자를 불법적으로 사용한 사례의 49.0%(1287명)가 인천·경기 지역에서 발생했다. 특히 경기도 안산·시흥 지역은 대기업 2·3·4차 밴드에 속하는 영세 제조업체가 대다수여서 경기에 따라 물량 변동이 심해 쉽게 채용하고 정리할 수 있는 파견노동자 의존도가 다른 지역에 비해 높다.

파견업체, 너의 '진짜' 이름은

지난 2월 구직자로 경기 안산역·중앙역·정왕역, 인천 동암역·선학역 부근 파견업체 37곳을 직접 방문했을 때다. 그 달 21일 포털 사이트에 '정왕역 파견업체'를 검색했더니 10여 곳의 파견업체 주소가 떴다. 검색 결과를 토대로 '◇◇인력'을 찾아갔더니 해당 사무실엔 'ㅁㅁ솔루션'이란 간판이 걸려 있었다. 그곳에서 만난 직원은 '◎◎테크'라고 적힌 명함을 건넸다. '△△업체'에서 보낸 일자리 알선

문자는 "주식회사 ㅁㅁ입니다"라는 말로 시작했다. 알맹이는 바뀐 것이 없는데 업체 이름만 바뀐 셈이다.

구인·구직 사이트에 올라온 게시글도 베일에 싸여 있긴 마찬가지였다. 파견업체 쪽 전화번호 옆엔 담당자의 실명 대신 '김 과장', '하 대리', '박 상무'라는 직함만 적혀 있었다. 그 달 19일 전화한 16곳의 구인 공고 가운데 내가 직접 일해야 할 회사의 이름이 적힌 곳은 한 곳도 없었다.

노동부가 집계한 파견사업 현황에 따르면 1998년 789개였던 파견업체 수는 지난해 상반기 기준 2448개로 세 배 넘게 급증했다. '인천지역 노동자권리찾기 사업단' 등은 2015년부터 2년 동안 두 차례에 걸쳐 인천 지역의 무허가 파견업체 73곳, 제조업에 불법으로 노동자를 파견한 파견업체 252곳을 노동부에 고발하기도 했다. 무허가 업체나 폐업과 허가를 반복하는 파견업체까지 포함하면 파견노동의 실체는 짐작조차 할 수 없다는 게 노동계 분석이다.

주야 맞교대 10년, 온갖 수당으로 채운 월 207만 원

언니의 급여명세서

"너는 얼마 받았어?"

7평 남짓한 탈의실에 때아닌 덧셈, 곱셈이 난무했다. 3월 9일 월급날, 언니들은 저마다 핸드폰 계산기를 두드리기 바빴다. 통장에 입금된 급여와 다른 사람들의 급여를 비교해 덜 받은 급여가 없는지 확인하기 위해서다. 계산은 쉽지 않았다. 최저시급으로 계산하는 기본급여 외에도 각종 수당까지 확인해야 하기 때문이다. 잔업, 특근 참여 횟수에 따라서 시간외수당은 달라졌고 주휴수당, 만근수당도 출근 날짜에 따라 저마다 다르게 지급됐다. "이게 상여가 들어간 건가?" "나는 월요일부터 일해서 주휴수당을 받았잖아. 너는 화요일부터 일했으니까 못 받은 거 아니야?" 언니들은 답 없는 질문을 주고받았다.

한 달 전 안산에서 일할 때도 비슷한 풍경을 목격했다. 기본급에 각종 수당이 붙는데 통근버스를 안 타면 1100원의 출근수당을 준다. 현미경을 들여다보며 인쇄회로기판(PCB)의 불량 여부를 검사하면 현미경 수당이 지급된다. "현미경 수당은 조립하는 사람한테는 나오지 않고 검사하는 우리한테만 나오니까 밖에는 말하고 다니지 마. 언니들 마음 상해."

월급날 언니들은 저마다의 셈으로 골머리를 앓았다. 기본급여의 비중은 작고 각종 수당의 종류는 천차만별이었다. 낮은 기본급여와 이를 보전하는 각종 수당으로 구성된 복잡한 임금체계는 장시간 노동을 초래하는 유인으로 작용했다. 다수 노동자들은 적정 생활비를 벌기 위해 자발적으로 연장근무, 휴일근무에 나설 수밖에 없다. 김영선 노동시간센터 연구위원은 "1990년대 중반 이후 임금 유연화가 진행되면서 80%였던 기본급 비율이 뚝 떨어졌다. 임금 총액을 높일 때도 기본급이 아니라 임시방편으로 수당을 '도배질'하는 식이었다. 기본급이 낮으니 기본급을 기준으로 산정되는 시간외수당도 낮아질 수밖에 없다"고 설명했다.

안산에서 만난 희경(50) 언니의 월급명세서를 살펴봤다. 주야 맞교대로 10년여 일한 언니는 올해 초 한 달 동안 28일 일해서 207만 3500원을 받았다. 이 가운데 기본급은 147만 7840원이었다. 나머지 급여는 상여금 13만 1420원 + 연장근로수당 31만 7610원 + 야간근로수당 36만 1320원 + 근속수당 4만 8000원 + 복지수당 1만 8000원 + 교대·소음 수당 2만 원 등으로 메꿔졌다. 희경 언니는 "기본급만으로는 생활이 안 되니까 자연스레 잔업, 특근을 할 수밖에 없다"며 "직책수당, 가족수당 등 사람마다 받는 수당도 다 다르니까 월급명세서를 보면 머리가 아프다"고 말했다.

복잡한 임금체계는 인상된 최저임금의 산입 범위와 통상임금을 둘러싼 소송에서도 쟁점이 됐다. 회사 쪽이 자의적으로 구성한 임금체계는 각종 노동정책이 노동 현장에 적용되는 것을 막는 견고한 장벽이었던 셈이다. 이병훈 중앙대 교수(사회학)는 "낮은 기본급 비중을 늘리고 복잡한 임금체계를 단순하게 만들어 시간외근로를 자처하지 않도록 해야 한다"고 지적했다.

희경(50) 언니의 2018년 2월 월급명세서

*** 경기도 안산 지역 자동차 부품공장에서 주야 맞교대로 10여 년간 일한 정규직 여성 노동자**

기본급	147만 7840원	건강보험
상여금	13만 1420원	고용보험
연장근로수당	**31만 7610원**	국민연금
야간근로수당	**36만 1320원**	소득세
근속수당	4만 8000원	주민세
복지수당	1만 8000원	상조회
교대 · 소음수당	2만 원	
통근수당	–	
조퇴 · 지각공제	–	
직책수당	–	… (중략) …
가족수당	–	
차량유류비	–	
… (중략) …		
지급 내역	**237만 4190원**	**공제 내역 30만 690원** **실지급액 207만 3500원**

세 번째
이야기

'2급 발암물질' 철야 노동은 잔혹했다

"엄마, 나 너무 무서운데…, 지금 와주면 안 돼?"

안산 시화공단에서 일하는 최미경(50) 언니는 8년 전 걸려온 전화를 생각하면 지금도 눈물이 차오른다. 최 씨가 자동차 부품 제조공장에서 주야 맞교대 노동자로 일한 지 1년이 채 안 됐을 때다. 밤 11시 수화기 너머 열세 살 딸의 목소리에 물기가 가득했다. 방문과 창문, 문이란 문은 죄다 잠그고 머리끝까지 이불을 뒤집어썼는데도 무서움이 가시지 않았던 모양이다. 열세 살에게 엄마 없는 집은 너무 넓었다. 최 씨는 자동차 부품을 조립하며 속으로 울음을 삼켰다.

최 씨는 10년 가까이 일주일마다 낮밤을 바꿔 살았다. 남편과 이혼하고 친정에서도 독립하니 눈앞이 캄캄했다. 주야 맞교대는 돈이 됐다. 매일 12시간을 공장에서 보냈다. 주간조 땐 아침 8시 50분부터 밤 9시까지 일했다. 야간조 땐 밤 8시 50분부터 일해 아침 8시 20

분에 퇴근했다. 야간 노동과 장시간 노동의 '콜라보'였다. 야간 근무를 하는 주엔 수면장애와 소화불량이 극심했다. 최근엔 엄지손가락 힘줄에 염증이 생겨 움직일 때마다 권총 쏘듯 '딱' 소리가 나는 '방아쇠수지증후군'으로 병원에 다닌다. "잠은 항상 모자랐어. 기분이라도 좋게 일해야 하는데 야간조로 출근하면 우울함도 심해지더라고. 10년이 지나도 익숙해지지 않아."

주야 맞교대의 장시간·야간 노동은 최 씨 건강에 영향을 미쳤을 뿐 아니라 아이와의 거리도 벌려놓았다. 전화를 붙잡고 울며불며 엄마를 찾던 아이는 머리가 클수록 엄마와 거리를 뒀다. 같은 집에 살아도 얼굴 마주 볼 새가 없었다. 야간조로 일할 땐 아이가 학교를 마치고 집에 오면 최 씨가 집을 나섰고, 최 씨가 퇴근하면 아이는 학교에 가고 없었다. 주간조로 근무할 때도 집에 도착하면 밤 10시가 훌쩍 넘었다. 엄마를 찾던 어린 딸은 스무 살을 넘긴 뒤 집을 나가 따로 산다. "돈을 조금이라도 더 벌려고 시작한 일인데 그냥 없이 살아도 애 옆을 지키고 있을 걸 그랬나봐…." 언니가 말끝을 흐렸다.

주야 맞교대 노동은 야간 노동, 장시간 노동과 동의어다. 최 씨와 같은 주야 맞교대 노동자는 하루의 절반을 일터에 머물며 적어도 한 달에 2주일은 야간 노동을 한다. 연장노동 한도(주당 12시간)를 넘는 사례도 잦다. 사용자 입장에선 기계를 24시간 돌리는 게 이득이기 때문이다. 자동차, 반도체 등 설비·기계에 투자한 금액이 클수록 공장 가동 시간은 늘어난다. 기계가 쉬지 않으니 노동자도 쉴 수 없다.

“밤에는 자자”

남들 쉴 때 일하고, 남들 일할 때 쉬는 불규칙한 노동 패턴은 노동자의 몸과 삶을 갉아먹는다. 2007년 국제암연구기구(IARC)는 ‘교대 근무’를 납이나 자외선과 같은 ‘2A’급 발암물질로 분류했다. 가족·친구 등 사회적 네트워크도 단절된다. 사정이 이렇다 보니 주야 맞교대를 법으로 제한하는 나라도 있다. 핀란드는 노동시간법(Working Hours Act)으로 야간 노동을 제한한다. 밤 11시부터 아침 6시 사이 최소 3시간 이상 노동하는 경우를 ‘야간 노동’이라고 보는데, 야간 노동이 가능한 직종은 경찰과 병원 등으로 한정돼 있다. 제조업은 새벽 1시 이후 야간 노동을 지시하려면 반드시 3개 이상의 교대조를 운영해야 한다.

한국에선 안전보건공단이 교대 근무를 운영하기 위해 사용자가 취해야 할 조처를 열거하고 있지만 의무 규정이 아니어서 실효성이 없다. 야간 노동의 임금을 가산하기 위한 규정만 있지, 교대·야간 노동을 규제하는 법적 장치 자체도 공백 상태다.

2013년 현대자동차를 시작으로 일부 완성차 공장이 "밤에는 자자"라며 주야 맞교대 근무 형태를 개편하기 시작했다. 그러나 2교대 근무는 여전히 어렵지 않게 찾아볼 수 있다. 전체 사업장의 33.4%는 야간 노동을 포함해 교대 노동이 이뤄지고 있고 '주야 2조 2교대'가 가장 높은 비중(40.3%)을 차지한다는 연구 결과도 있다. 교대제 실시 이유로 '업무 특성상 교대 근무가 필요하다'는 응답이 다수였지만, '설비와 시설을 최대한 가동하기 위해서'라고 답한 비율도 20.7%를 차지했다.(한국노동연구원 2013년 사업체패널조사, 정흥준 부연구위원)

고용노동부가 2017년 6월 발표한 '사업체 노동력조사 부가조사' 통계를 보면, 교대제를 운영하는 제조업 사업장은 2만 261곳이며 이 가운데 70.7%(1만 4320곳)가 2조 2교대(2조 주간 2교대 제외)를 운영하는 것으로 나타났다. 김영선 노동시간센터 연구위원은 "4차 산업혁명이니 스마트 시대니 말들은 많지만, 한국의 제조업은 여전히 노

업종별 임금노동자 중 교대근무 노동자 비율

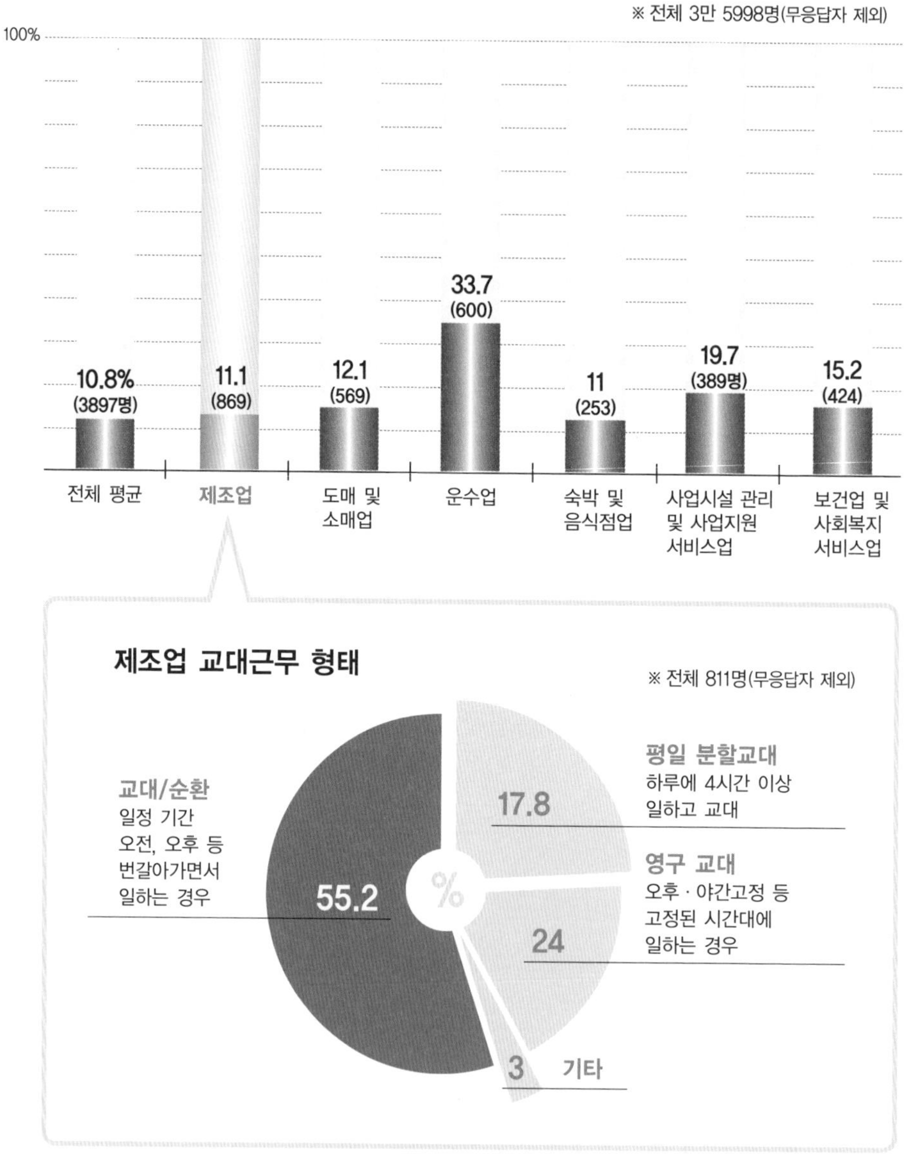

자료 : 안전공단(2014), 근로환경조사

동력을 갈아 넣는 낡은 방식의 '장시간 저임금 체제'에 기대고 있다"고 지적했다.

노동계는 장시간 야간 노동의 온상인 교대제 개편 논의가 노동시간 단축과 함께 활발해지기를 기대하고 있다. 2018년 2월 주당 법정 최대 노동시간을 68시간에서 52시간으로 줄이는 내용의 근로기준법 개정안이 5년 만에 국회를 통과했다. 토·일요일 16시간의 추가 근로를 허용했던 행정 해석을 바로잡아 노동자에게 52시간 이상의 노동을 요구하는 것이 위법한 행위가 된 것이다. '비정상의 정상화'를 이룬 것이지만, 노동자가 임금 때문에 하루 12시간을 일하는 주야 맞교대 형태에 어떤 변화가 일어날지 지금으로선 가늠하기 어렵다.

"잔업·특근해 먹고사는 우린 어쩌지"

안산의 공단에서 만난 김철수(41) 씨는 7월만 기다리고 있다. 그가 다니는 자동차 부품 회사는 일주일마다 주·야간을 교대하는데 일주일 평균 노동시간이 70~75시간에 이른다. 그는 지난해 여름 법정 노동시간에 더해 한 달 111시간(오버타임·시간외노동)을 더 일했다. 같은 기간 156시간의 오버타임을 기록한 동료도 있었다. 일요일 저녁에 퇴근한 뒤 월요일 저녁에 출근하기 전(주간 → 야간), 일요일 아침 퇴근해 월요일 아침에 출근하기 전(야간 → 주간) 등 주간·야간이 바뀌면서 24시간 정도 '비는 시간'이 유일한 휴식시간이었다. 오는 7월 다가올 변화에 대한 기대가 클 수밖에 없다. 그가 다니는 회사는 300인 이상 사업장으로 7월부터 노동시간을 단축해야 한다. "우리끼리는 '체력이 허락하는 한 365일 24시간 일할 수 있는 회사'라고 말해요. 잔업·특근도 빠질 수 없는 분위기였거든요. 법이 바뀌어서 강제적으로라도 일을 안 할 수 있는 상황이 됐으니, 좋죠."

그러나 사측은 노사 협의를 진행하며 노동시간을 줄이는 대신 노동강도를 높일 것을 요구하고 있다. 한 사람이 한 개 라인을 담당했다면 두 개 라인을 한꺼번에 보라는 식이다. "저희 노동강도는 이미 극에 달해 있어요. 협상할 수 있는 여건이 안 돼요. '여기서 강도를 높인다고? 장난해?' 사람들 반응이 이래요. 저희가 단거리 선수처럼 하루 이틀 전력으로 일하고 말 것도 아니고요." 노동시간 단축에 대한 노사 협의는 일시 중단된 상황이다.

현장에서 만난 생산직 노동자들은 임금이 줄어들 수 있다는 걱정을 할 수밖에 없다. 인천 공단에서 만난 파견노동자 박수연(31) 씨는 잔업·특근이 축소되면 수입이 줄어들 것이라는 불안감을 내비쳤다. "일하는 시간 진짜 너무 길어. 그런데 이건 공무원이랑 사무직 좋으라고 한 법 아닌가. 우리같이 잔업·특근으로 먹고사는 시급직들은 어떡하라는 거지?"

'저임금' 탓에 '장시간 노동'을 해야 하는 노동자들 처지에서 보면, "노동시간을 단축하자"는 주장이 한가한 소리로 들릴 수밖에 없어 보인다. 보건복지부 자료를 보면, 한국의 저임금 노동자(전체 노동자 임금 중위값의 3분의 2 미만)는 전체 노동자 중 23.7%로 4명 중 1명꼴이다. 경제협력개발기구(OECD) 국가들 가운데 아일랜드와 미국에 이어 세 번째로 많은 수치다. 청와대 누리집에는 "저녁이 있는 삶보다 먹고사는 삶이 더 절박하다"는 청원이 100건 이상(2018년 5월 5일 기준) 올라와 있다. '노예라고 불러도 좋으니 일을 더 할 수 있게 해달라'는 호소도 들린다. "생산직 비정규직은 잔업과 특근 없이는 돈이 안 됩니다. 적어도 월 87만 원의 소득이 줄게 생겼습니다. 최저임금 오르면 뭐 합니까, 노동시간이 줄어드는데. 저녁을 먹을 시간이 필요한 게 아니라 저녁거리를 살 수 있도록 일을 하게 해주십시오." 저임금 구조에 대한 보완책 없는 노동시간 단축이 단기적으로 노동시장에 큰 충격을 줄 가능성이 커 보였다.

노동시간 단축이 남긴 질문

노동시간 단축은 노사정이 합의한 대원칙이다. 그러나 생각보다 복잡한 질문을 남긴다. "노동강도는 어떻게 조정할 것인가", "임금은 어떻게 보전할 것인가", "인원은 얼마나 충원할 것인가", "교대 근무는 어떻게 개선할 것인가".

당장 원청과 1·2·3차 하청업체 노동자의 처지가 다르다. 완성차 공장의 2차 하청업체 노동자 ㄱ 씨는 "원청이 교대제를 개선하면서 하청업체 노동자의 잔업·특근이 절반으로 줄어 당장 월급이 걱정"이라고 호소했다. 파견노동자의 경우 노동조합을 구성할 수 없어 노동시간 단축에 따른 노사 협의는 불가능에 가깝다. 개별 사업장, 개별 노동자에 대한 종합적·다각적 고민 없는 노동시간 단축은 한쪽을 눌렀을 때 나머지 한쪽이 부풀어 오르는 풍선 효과를 낳는다. 현장 노동자들이 정책 실효성을 느낄 수 있는 세밀한 맞춤형 정책이 필요하다는 지적이 나오는 이유다.

권혁 부산대 법학전문대학원 교수는 "노동시간 단축 정책은 획일적으로 시행해선 안 된다"며 "노동시간에 비례해 급여를 받는 저임금·단순 노무자들을 위해 사회안전망을 갖추고 직업 훈련을 제공하는 등 맞춤형 대책이 필요하다. 또 업종에 따라 휴식권을 강제하는 제도도 고안될 필요가 있다"고 말했다.

오래 일하고 싶은 사람은 없다. 오래 일해야만 하는 상황이 있을 뿐이다. 노동자들이 장시간·야간 노동을 '자발적으로' 선택할 수밖에 없는 이유에 대한 근본적 고민은 저임금 노동에 관한 문제의식으로 이어져야 한다. 김재광 한국노동안전보건연구소 소장은 "노동자의 임금을 보전하기 위해 대기업과 중소기업의 공정거래 구조가 확립되는 것부터 바로잡아야 한다. 개별 사업장 사업주나 노동자에게 부담이 모두 전가되면 답을 찾기 어렵다"고 말했다. 김종진 한국

노동사회연구소 부소장은 "5인 이상 50인 미만 영세 사업장은 3년 뒤(2021년 7월)에 법을 적용받게 된다. 노동시간 단축은 정부 로드맵에 맞춰 '최저임금 1만 원 연착'과 연동돼 시행돼야 한다"고 말했다.

노동
orz
웹툰

컨베이어에 낀 손가락, 기계음에 파묻힌 비명

이쯤인가...
파견업체 사장이 일러준 곳에 가니
사람들이 서성이고 있었다.
공장 통근버스가 멈추는 곳이다.
버스도 택시도 다니지 않는 공단이다 보니
통근 버스는 섬으로 가는 유일한 배인 셈이다.
끼익—
오늘은 마스크팩 공장
2교대 주간조 첫 출근 날.
봉고차도
2교대구먼.
월드리더
어린이집
032-xxx-xxxx
부릉—

저, 공장 알아보러 왔는데요.
인력 상사 상생
예, 예 싸장님, 세 명 보낼게요. 예, 예~
앉아요.
경력은? 뭐하다 오셨어?
아... 저는 미대 졸업했고 공장은 첨인데요.
미술? 딱이네. 마침 포장 자리 있는데.
엑?! 대체 뭔 상관이지?!
밥 맛있고 좋아요. 쉬는 시간도 딴 데보다 길어. 15분.
저... 10분으로 다시 바뀌었어요.
10분이래요. 다 그렇지~
자리 있을 때 들어가야지 안 그럼 일 못 해. 내일부터 괜찮죠?
제가 하게 될 일이 정확히 어떤 건지...
계약서 같은 건 안 쓰나요?
글쎄, 나도 공장에 가보질 않아서 일은 잘 모르겠는데.
근데 계약서는 왜? 오래 다니게?

검사할 마스크팩에 적힌
상호를 보고 나서야, 내가 일하는
공장의 이름을 알게 됐다.
내가 맡은 일은 에센스가 충전돼 나온
마스크팩의 불량을 검사하는 것..
여기
라인을 타고
쉴 새 없이 쌓이는
마스크팩을
모아 열을 맞춘다.
앞, 뒤로 돌리며
라벨, 은박 등
10여 가지 항목을
빠르게 훑는다.
그리고 팔꿈치에
체중을 실어 밀며
밀봉이 잘 됐는지
확인하면 끝
...이지만
뿌직
이따금
불량품이 터지면
테이블을 닦고
불량품을 솎아내는
과정이 추가된다.
여기까지 소요되는 시간이 약 10초.
물론 숙련자의 경우다.
와르르르
비록 나는 신입이지만
기계의 속도는 누구에게나 공평했다.
후두둑
드르

기술이 진보했다는 건 헛소리다.
사아차~산업혁명의 시대에 말이야~
적어도 날 위해 발전하진 않았다.
쾅!
울컥
저기~
찬 데 있지 말고 여기 매트 위로 올라와.
40·50대 언니들은 공장에 이것 저것 많이 챙겨 온다.
필요하지만 공장에서 주지 않는 것들.
피로회복제
작고 단 것들
깔개용 요가매트
파스
작업 방석
포장 닦을 걸레
대학 보내고 숨 돌리니 이젠 결혼 시킬 나이잖아.
결혼은 지들이 알아서 가야지.
그런가~
넌 젊은데 왜 여기 왔어~ 갈 데 많은데!
하하
들리는 얘기로 정규직 언니들의 임금은 최저시급보다 300원 많다고 한다.
간식 숨겨! 조장 온다!
아~ 해!!!
※탈의실은 취식 금지

조회시간
오늘 이게 다야? 이러면 나온 사람만 죽어나지!
3.1절을 휴일로 생각한 많은 노동자가 결석하거나 연차로 휴일을 대신했다.
거기 베트남 언니. 삼일절, 광복절, 무슨 무슨 절!! 우리 '절'은 안 쉽니다. 알겠습니까?!
녜.
왜 나한테 난리야.
오늘 특근 아니고 정상 출근일 걸? 파견업체가 그랬어.
그거 불법 아냐?
특근 대신 정상 출근 처리될 것이란 이야기가 소문처럼 떠돌았다.
제가 월급 드리는 거 아니잖아요. 저한테 그러지 마세요.
거봐
빨간날 특근 처리는 공장 맘이에요.
사람들의 반응을 의식했는지 공장은 달래듯 잔업을 주지 않았다.
기껏 출근했더니 놀리는 거야 뭐야.
뭐 하지? 영화나 볼까.
영화가 두 시간이면 시급으로 만 오천...
모두 이 강제적인 여유 앞에서 웃는 듯 우는 듯 아리송한 표정을 지었다.
자기야 나 잔업 없어.
할 것도 없는데...
난 어느새 여가를 시급으로 계산하는 일이 익숙해졌다.

유통기한이 잘 안 찍혀요.
충전기 문제 같은데 테스트 돌려볼게요. 확인해주세요.
네.
순식간이었다.
악!
뭐야?!
어떡해!
벨트를 들어 올리다 손가락이 끼어 살점이 덜렁거렸다.
처치를 끝내고 자리로 돌아왔다.
탓,탓,탓
놀라울 만큼 아무도 신경 쓰지 않는다.
섭섭하지 않으려 노력했다. 기계는 계속 돌고 사람들은 거기에 맞춰 일해야 하니까.
고작 손가락이길 다행이지 병원에 실려 간 것도 아니잖아.
...그렇지만 진짜 작은 사고인가.
...손가락 다쳐서 속도가 늦구나.
죄,죄송합니다.
그때 처음 알았다.
속도 5 정도 낮춰줄게. 라인 속도를 좀 늦출 수 있거든.
탓...탓...
역시 기계에 속도 조절 기능이 있었어.
이 정돈 다쳐야 속도를 줄일 수 있구나.

8:15 PM
망했어. 두 시간 겨우 잤어.
나도 병원 가느라 한숨도 못 잤어.
야간 조 출근 첫날 탈의실에선 누가누가 못 잤나 대회가 펼쳐졌다.
10:40 PM
생각보다 할 만한데?
00:30 AM
점심시간
식당에는 야간 조를 위한 최소한의 불빛과 온기만 남아 있다.
반찬이 차가워…
저녁에 왕창 만들고 남은 거라 그래.
내 컵라면 같이 먹어.
4:20 AM
할 만하다고 했던 나를 한 대 치고 싶다.
졸려서 서서 한다
…
꾸벅 꾸벅
스르륵
손가락 끼인 자리
지난번 그 일을 겪고도 기어이 잠은 쏟아졌다.

왜 그래?
9호기 불량? 사유서 쓰래요?
끄덕
후딱 써~ 왜 종이만 보고 있어.
한국말… 잘 몰라…
중국 언니
도와줄게. 부르는 대로 받아 쓸 수 있지?
고마워요.
9호기 간당간당하더니 기어이 불량 냈구먼.
'죄송합니다. 다음부터 이런 일 없도록 하겠습니다.' 이렇게 써.
죄ㅅ..
잠깐만요, 솔직히 불량이 우리 잘못만도 아닌데. 첫 문장부터 사과해야 돼요?
지들이 기계에 돈 아껴놓고 우리 탓만 하는 거 양심 없지- 오늘 물량도 두 배였고-
사유서는 원래 영혼 없이 쓰는 거야.
실수는 인정해도 덜 억울하게라도 적자고요.
어떻게?
음…'기계의 노화에 발맞추지 못해 죄송합니다?'
…진심이야?
아니면-
저기…
일단…죄송함다 썼어요…
좀심시간… 끈나가뉘까…
죄송합니다
9호기에서 검사하는
음우연 입니다
라벨이 거꾸로 붙은 것을
모르고 계속 진행해서
불량을 만들었습니다
당황했
못했습니다
검사하게

언니들 저 다음 주부터 못 나올 것 같아요.
뭐어?!
언니들은 화들짝 놀라면서도 간식 먹는 걸 멈추지 않았다.
아쉽당.
정말요?
다른 좋은 데 가면 알려주고. 알지?
사람들이 말도 없이 사라지는 일이 흔한 곳이었다.
맞다. 월급날 아귀찜 먹을 때 저 불러주세요.
츄릅
그려~ 그때까지 내가 다니면.
그때 몇 명의 언니가 이곳에 남아 있을까.
언니들이 야간에서 주간 전환하는 팁을 하나 줬다.
야…자냐?
쿨-
너가 보자며…
토요일 아침 퇴근 후 안 자고 버티다 밤에 잠드는 거다.
공장에 맞춰진 몸으로 미뤄둔 일상을 챙기긴 쉽지 않았다.
무슨 정신으로 주말을 났는지 모르겠다.
일요일 낮에 잠들어 새벽녘에 잠이 깼다. 그 후로 지금까지 잠에 들지 못하고 있다.
언니들은 잘 잤으려나.

에필
로그

저녁 출근이 두려운 '9호기', 워라밸은 딴 세상 이야기

지금으로부터 꼬박 10년 전입니다. 당시 〈한겨레21〉 임인택 기자는 경기도 안산 반월공단 난로공장 노동자로 한 달을 살았습니다. 그는 자신을 '아침이 두려운 9번 기계'라 표현했습니다. 10년이 흘러 인천의 한 화장품 제조공장 파견노동자로 다시 '9호기' 앞에 앉았습니다. 변한 것은 없었습니다. 10년의 세월이 흘렀지만 현실은 데칼코마니처럼 겹쳐졌습니다. 그때와 달리 12시간 주야 맞교대로 일해 '저녁 출근이 두려운 9호기'가 됐다는 점만 달랐습니다.

경기도와 인천의 공장으로 출근했던 한 달 내내 최대 관심사는 '잠'이었습니다. 특히 야간조로 출근하는 2주일이 그랬습니다. 휴내전화에는 새벽 6시부터 오후 5시까지 맞춰둔 알람시계 40여 개로 그득했습니다. 일할 때 혹여 실수라도 하면 어쩌나…, 없는 쌍꺼풀을 만들며 눈을 치켜떴습니다. 아침 퇴근길 머리 위로 쏟아지는 햇살이 상쾌하기보다는 멍하게 느껴질 때, 오늘 몇 시쯤에 잠들어서 몇 시쯤에 깨면 되겠다 생각하며 손가락을 접곤 했습니다. 생체 시계를 단번에 180도 돌려야 하는 '주야 맞교대'를 버텨내기 위해, 잠은 항상 관리와 통제의 대상이었습니다. 무자비한 컨베이어 벨트 공정 스케줄에 저의 생체 리듬을 맞춰야 했던 한 달간, '내 시간'을 조종하는 방향키는 내 손에 쥐어져 있지 않았습니다.

"잔업이야?" "아니요, 야간이요." "야, 좋겠다." 인천 화장품 제조 공장에서 만난 언니와 이런 대화를 주고받았습니다. 처음에는 비꼬는 말인 줄 알았습니다. 이제는 알 것 같습니다. "좋겠다"는 말 앞에 "(돈 벌어서)"라는 괄호가 숨겨져 있었습니다. 야간조에 들어가기 위해선 빠진 자리를 기다리는 '대기'가 필요했습니다. 경기도 안산의 제조업 공장에선 티오(TO)가 하나뿐인 야간조에 들어가려는 사람이 제 앞에만 두 명이 줄 서 있었습니다. 자식의 교육을 위해, 가족의 생계를 위해, 꿈을 이루기 위해…. 무슨 이유를 대건 결국 최저시급보다 50% 많은 '야간근로수당'을 받기 위해 장시간 야간 노동을 자처하는 언니들에게 유행처럼 떠도는 '워라밸'이란 말은 딴 세상 이야기였습니다.

노동시간을 단축한다고 합니다. 우리나라 1인당 연평균 노동시간은 2069시간(2016년)으로, 경제협력개발기구(OECD) 평균보다 305시간이 많습니다. '저녁이 있는 삶'을 싫어할 사람이 있을까요. 다만 노동자가 그 변화를 기꺼이 받아들일 수 있는 여건도 함께 조성되길 기원해봅니다. 하루 12시간을 일터에서 보내지 않아도, 밤샘 노동에 시달리지 않고 가족과 저녁 식사를 함께해도 불안감에 시달리지 않고 '인생을 살아낼 수 있는' 여건 말입니다. 그때 비로소 노동자들에게도 자신의 '시간 주권'을 지키는 방향키가 쥐어지지 않을까요.

2 노동 orz

‘샌드위치’ 노동자, 콜센터 상담원

신민정

이번엔 '사무직 공장'(White-collar Factory)이라
불리는 노동 현장, 콜센터입니다.
70~80cm 간격의 좁은 칸막이 사이에 앉아
종일 전화를 받는 상담원들의 삶이,
밀려드는 부품을 꾸역꾸역 조립하는
공장 노동자와 다를 바 없습니다.
하루에도 수차례 전화기 너머 마주하게 되는
콜센터 상담원의 노동은 어떤 모습일까요?

서울 서남권의 한 홈쇼핑 콜센터가
두 번째 현장입니다.

첫 번째
이야기

물샐틈없는 노동 감시

콜센터 지원서를 쓰는 데 5분이 채 걸리지 않았다. 지원서는 간단했다. 이름과 성별, 생년월일, 휴대전화 번호, 주소, 고졸인지 대졸인지 기재하는 최종 학력과 경력 사항만 적으면 끝이었다. 회사는 지원자에게 왜 콜센터 상담원이 되려 하는지, 어떤 각오로 일할 것인지 묻지 않았다. 채용 안내문에 나온 "1분 안에 지원 가능"이란 문구가 새삼 눈에 들어왔다. 언제 어디서 무슨 아르바이트를 했는지 좀 더 빨리 떠올렸더라면 정말로 1분도 걸리지 않았을 것이다. 써 넣은 글자 수를 세어보니 합쳐도 200자가 되지 않았다. 혹시 항목을 빼먹은 건 아닐까 두세 번 스크롤을 올렸다 내렸지만 빠진 건 없었다. 회사가 지원자에게 궁금한 것은 더 없어 보였다. '제출' 버튼을 눌렀다.

2시간쯤 뒤 전화가 왔다. "서류전형에 합격했으니 내일 오후 면접 보러 오세요." 다음 날 면접이 끝나고 3시간도 지나지 않아 어제와 같은 번호로 전화가 왔다. "최종 합격했으니 월요일부터 출근하세요." 지난 2월 23일 오후 4시 30분께였다. 나는 약 48시간 만에 지원서 작성과 면접을 마치고 한 홈쇼핑 회사의 콜센터 아웃소싱 업체 상담원이 됐다.

콜센터는 서울 서남권에 있었다. 이 지역에는 다양한 회사의 콜센터 아웃소싱 업체가 밀집해 있다. 내가 취직한 콜센터 아래층에는 전자제품 판매회사의 콜센터가 있고, 건물을 나오면 저축은행 콜센터가 있다. 조금 더 걸으면 컴퓨터 제조회사의 콜센터가, 걸어서 10분 정도 거리에는 보험사 콜센터와 카드사 콜센터, 통신사 콜센터도 있었다. 콜센터 상담원을 했던 김진숙 언니에게 "왜 여기 콜센터가 몰려 있느냐"고 물어보니, 땅값이 비교적 싼 지역이라 그렇단다. 하긴 콜센터가 굳이 땅값 비싼 곳에 있을 이유는 전혀 없다. 부산이든 제주도든 전화와 인터넷이 되고 일할 사람만 있으면 된다. 2006년에 한국노동연구원이 낸 보고서를 보면, 10여 년 전부터 기업들은 콜센터 상담원을 고용하는 대신 아웃소싱을 해 비용을 줄여왔다. 콜센터는 돈을 벌어 오는 부서가 아니어서 늘 외주화의 1순위였다. 그래서 콜센터 상담원은 광화문이나 강남 같은 곳으로 출근하는 일이 좀처럼 없다

내 직장은 '80cm 닭장'

업종은 다르지만 일이 같으니 콜센터의 풍경은 어디나 비슷할 것이다. "닭장이지 닭장." 출근 첫날 상담원 휴게실에서 한 언니가 하는 얘기를 들었다. 상담원의 유일한 쉼터인 휴게실에는 동그란 테이블 몇 개와 의자, 길쭉한 소파 하나, 냉장고, 전자레인지, 커피 자판기가 있다. 네모반듯하게 '깍둑썰기' 하듯 규격화된 업무 공간 중 유일하게 자유로운 공간이다. 언니는 편의점에서 산 네모난 도시락을 펼쳐놓고 또 다른 인스턴트 도시락을 먹고 있는 동료 언니에게 작은 목소리로 푸념했다. "양계장에서 닭이 알 낳는 기분이 이런 건가 싶어. 앉아서 종일 전화받는 거."

닭장이란 단어는 이미 익숙했다. 콜센터 취업을 준비하며 포털 사이트의 콜센터 상담원 카페에 들어갔을 때 '닭장'이란 단어를 종종 접했다. "몸에 딱 맞는 닭장에 갇혀 기계처럼 알만 낳는 느낌이었어요." "화장실 가는 시간도 눈치 보이고 온종일 닭장에 갇혀 있다가 나오는 것 같아요."

좁은 공간에 갇혀 누구와도 소통하지 않고 같은 일만 반복하는 공간. 국외 연구자들은 콜센터를 '화이트칼라 공장'(White-collar Factory), '전자 착취 공장'(Electronic Sweatshop) 등의 이름으로 부르곤 한다. 반복적이고 기계적인 업무 특성을 볼 때 콜센터와 컨베이어 벨트 공장이 다를 바 없다는 것이다.

5일간의 교육을 받은 뒤 나는 '닭장'에 투입됐다. 2월 26일 첫 출근에서 마주한 콜센터의 모습에 나는 주눅이 들었다. 200명은 돼 보이는 상담원이 쉴 새 없이 모니터를 들여다보며 통화에 열중하고 있었다. 센터 문을 열면 파란색 칸막이로 나뉜 콜센터의 워크 스테이션(work station)이 빽빽하게 들어차 있었는데, 10명이 서로 마주 보면서 앉을 수 있는 커다란 책상이 20개는 넘어 보였다. 문에서 가장 먼 안쪽 자리까지 가려면 못해도 50걸음은 걸어야 했다. 수많은 상담원을 지나쳐 한참을 걸어가야 해서 어떤 언니들은 그 길을 '런웨이'라고 불렀다. 런웨이를 따라 걸으면 칸마다 통화 중인 상담원의 뒤통수만 보였다.

내 자리는 문에서 멀지 않았다. 파란색 칸막이로 앞면과 양옆, 삼면을 메운 200여 개의 자리 중 한 곳이었다. 자리가 다들 똑같이 생겨서, 한동안 칸막이 위에 붙은 이름을 보고 자리를 찾아야 했다. 자리의 폭은 약 70~80cm 정도. 모니터 두 개가 에누리 없이 딱 들어가는 공간이었다. 왼쪽 모니터 앞에는 전화기가 있었고, 전화기에는 마이크가 달린 헤드셋이 연결돼 있었다. 출근 첫날, 맞은편 상담원은 이미 출근해 전화를 받고 있었다. 잠시 눈이 마주쳤지만, 상담원 언니는 이내 다시 모니터로 시선을 돌렸다. 바빠 보여 차마 말을 건넬 수 없었다. 정수리에 대고 어색하게 고개를 숙이고는 자리에 앉았다.

나는 오전 11시에 출근해 저녁 8시에 퇴근하는 시간대를 배정받

왔다. 홈쇼핑은 365일 24시간 방송된다. 당연히 콜센터도 24시간 돌아가야 한다. 아침 9시에 출근해 오후 6시에 퇴근하는 상담원은 소수였고 대부분의 상담원은 제각기 다른 시간대에 근무했다. 오후 3시에 출근해 자정에 퇴근하는 팀도 있었다. 밤늦게까지 일해야 해서 다들 기피할 줄 알았는데, 야간수당이 붙고 '투잡'을 뛰기에 유리한 시간대라 경쟁이 가장 치열하다고 했다.

자리에 앉아 칸막이에 걸려 있는 헤드셋을 쓰니 콜센터에 왔다는 실감이 났다. 앞으로 이곳에서 하루 8시간 전화를 받을 것이다. 컴퓨터 바탕 화면엔 직전 상담원이 적어놓은 듯한 메모가 빼곡했다. "전화 끊기 전에 꼭 '더 궁금하신 점 없습니까' 물을 것!", "해요체 ×" "주문번호 □□□□□□□ 다시 확인", "기준 외 반품 처리법 : △△△△△△△△△." 메모로 볼 때 이 자리의 전 주인은 '다나까'로 끝나는 말투를 쓰는 데 어려움을 겪었고, 상표를 제거한 옷을 반품하겠다는 고객의 전화를 자주 받았을 것이다. 메모를 하나씩 읽다가 "전산(콜을 받고 주문 등을 입력하는 내부 시스템)에 빨리 로그인하라"는 관리자의 말에 정신이 바짝 들었다.

화장실도 자유롭게 못 가는 곳

업무 자체는 단순했다. 콜센터로 오는 전화는 크게 '주문'과 '시에스'(CS, Customer Satisfaction)로 나뉜다. 주문은 말 그대로 방송에 나오는 상품을 주문한 고객의 집으로 배송해주는 것이고, 시에스는 반품이나 교환 등 주문 외 고객의 모든 요구 사항을 뜻한다. 교육을 받을 때 주문, 반품, 취소, 교환, 포인트 적립, 에이에스(AS, After Servic) 신청, 상품 불만 접수, 회원 가입 탈퇴 등 고객이 걸 수 있는 전화 유형에 어떻게 응대하면 되는지 적혀 있는 스크립트를 받았다. 매우 꼼꼼하게 적혀 있어 '이것만 있으면 걱정은 없겠다' 싶었다. 오산이었다.

현장에는 교재에는 나오지 않는 언어들이 있었다. 3월 5일, 신입사원의 교육을 담당하는 관리자가 신입들을 모아놓고 주의 사항을 전했다. "화장실 갈 때는 꼭 메신저에 '화출', '화착'이라고 남기세요." 화출? 화착? 두 단어를 인터넷 국어사전에서 검색해봤지만 나오지 않았다. '화출'은 화장실로 '출(出)'발한다, '화착'은 화장실에서 돌아와 자리에 '착(着)'석했다는 의미로 짐작됐다. 왜 이런 수수께끼 같은 단어를 써야 하는지 의문이 들었다. 내가 생리 현상을 해결 중이라는 사실이 모두에게 공지돼야 할 만큼 중요한 일인가?

용기를 내어 엉거주춤 손을 들었다. "꼭 남겨야 하나요?" 관리자가 안경 너머로 물끄러미 쳐다봤다. "바쁠 때 우르르 화장실에 가면 안 되지 않겠어요?" 팀장은 한꺼번에 화장실을 가면 대기 콜이 쌓일 수 있어 꼭 보고해야 한다고 거듭 강조했다. 누군가 화장실에 가 있으면, 대기 콜을 방지하기 위해 다른 상담원은 화장실 가는 걸 눈치

껏 자제하라는 뜻이었다.

화장실만 그런 게 아니었다. 물을 마시러 휴게실에 가거나 '진상 고객' 때문에 열 받아 잠깐 담배 한 대 피우러 나가더라도 자리에서 엉덩이를 떼는 순간 일일이 메신저 채팅방에 보고해야 했다. 점점 화장실 가는 데 눈치가 보이기 시작했다. 8시간 동안 한두 번 화장실에 가는 팀원도 있는데, 나만 한두 시간에 한 번씩 '화출', '화착'을 남길 순 없었다. 커피를 끊고 최대한 화장실을 가지 않으려 참았다. 애연가인 팀장은 한 시간에 한 번씩 꼭 담배를 피우러 갔지만, 그는 관리자여서 메신저에 아무것도 남기지 않았다.

3월 7일, 나와 입사 동기인 유정(27), 진숙 언니와 점심으로 불고기비빔밥을 먹던 중 유정이 말을 꺼냈다. "화장실 가는 것까지 얘기하고 가야 하는지 모르겠어요." 사회복지사로 일했었고, 콜센터 근무는 처음이라는 유정도 콜센터의 '보고 문화'에 당혹해하는 눈치였다. 반면 콜센터 경험이 많은 진숙 언니는 생각이 달랐다. "한꺼번에 화장실에 가면 지장이 있긴 하지. 앉아 있는 사람이 전화를 당겨야 하고." 진숙 언니는 언제부터 저렇게 생각하기 시작했을까.

콜센터 상담원이 방광염과 치질을 직업병처럼 달고 사는 이유도 이런 화장실 통제에서 비롯된다. 부산여성회가 2015년 콜센터 노동자 109명을 대상으로 한 설문조사를 보면, 상담원의 32.1%는 불면증 및 방광염을 앓고 있다고 했고 26.6%는 치질이 있다고 했다. 당시 조사에 응했던 한 상담원은 "정신없이 들어오는 콜을 당겨 받느라 화장실을 하루 두 번밖에 가지 못하는 일이 많다 보니 방광염이나 치질에 걸린 사람이 많다"고 증언했다.

하지만 콜센터는 여전히 상담원이 화장실에 갈 수 있는 시간을 아예 정해놓거나 순번제로 운영하는 등 더 심한 통제를 하는 게 현실이다. "전에 다니던 데는 화장실에 가는 시간이 아예 정해져 있었고 한 번에 한 사람씩만 화장실에 갈 수 있었거든. 뒷사람한테 미안하니까 빨리빨리 다녀와야 했지." 한 금융사 콜센터에서 일한 적이 있다는 조은혜 언니가 귀띔했다. 여긴 그 정도는 아니니까 다행이라고 해야 하나. 쓴웃음이 나왔다.

내가 근무한 콜센터 자리의 모습. 듀얼 모니터를 사용해 한쪽에는 전산 시스템을, 다른 쪽에는 상품 정보나 현재 방송 중인 홈쇼핑 화면 등을 띄워놓았다. 모니터 말고도 전화기와 헤드셋 등이 놓여 있고, '스타카토 어법으로 이름을 말할 것' 등 상담 시 주의해야 할 점도 메모처럼 붙어 있다.

나는 네가 8시간 동안 한 일을 알고 있다

회사는 굳이 보고하지 않아도 상담원이 자리를 비운 사실을 실시간으로 알 수 있다. 매니저와 팀장, 선임 상담원 등 관리자급만 볼 수 있는 화면에는 모든 상담원의 현재 상태가 '통화 중', '대기 중', '후

처리', '휴식' 등으로 뜬다. 상담원이 전화를 받고 있는지, 전화를 기다리는지, 전화를 끊고 사후 처리를 하는 중인지, 그도 아니면 자리를 비웠는지 등을 100% 알 수 있는 것이다.

이런 시스템이 가장 '빛을 발하는' 순간은 전화가 밀려들 때다. 내가 일했던 아웃소싱 업체의 '고객사'였던 홈쇼핑 회사는 다이아몬드도 팔고 에어컨도 팔고 여행 상품도 팔지만, 주문 전화는 사과 9kg에 2만 9900원, 여성용 항공점퍼 두 종에 4만 9800원, 블라우스 다섯 종에 3만 9800원 등의 상품이 방송될 때 밀려들었다. 이때 후처리를 하는 상담원이 있다 싶으면 매니저는 어김없이 단체 쪽지를 보냈다. "후처리 관리하세요." "후처리 빨리 풀어주세요. 대기콜 올라옵니다." "블라우스 방송 시간 얼마 안 남았습니다. 그때까지 최대한 콜 소화해주세요."

맨 윗자리에 자리 잡은 팀장은 언제나 상담원을 지켜봤다. 바쁜 시간이 아니더라도 팀장은 후처리 시간을 조금만 길게 잡는다 싶으면 어김없이 '뭐 하냐'고 물었다. 3월 13일, 내가 강성 고객의 항의 전화에 애를 먹고 있던 짧은 순간, 팀장이 칸막이 너머로 고개를 내밀었다. "뭐 해?" 분명 일을 하고 있었지만 궁색한 변명을 할 수밖에 없었다. "아, 그게요, 고객이 배송 확인 요청을 해서 일단 택배기사님한테 확인 전화를 했더니…." "후처리 너무 오래 잡는 거 좋지 않아. 알았지?" 팀장은 말을 자르고 칸막이 너머로 사라졌다. 화면을 보니 후처리 시간이 5분을 지나고 있었다. 팀장의 "뭐 해?" 앞에는 '전화

안 받고'라는 말이 생략돼 있었다는 걸 팀장이 사라지고 나서야 깨달았다.

국가인권위원회는 콜센터의 이런 행태를 모두 '전자감시'로 본다. 전자감시는 10년 전부터 콜센터의 고질적인 문제 중 하나로 꼽혀왔다. 인권위가 2009년 진행한 콜센터 여성 상담원 실태조사 결과를 보면, 전산을 이용해 상담원의 통화·대기·휴식 여부, 하루 누적 통화 수 및 통화 시간, 통화당 소요 시간 등을 실시간으로 모니터링하는 행위를 열거한 뒤 이를 '전자감시'라고 규정했다. 당시 인권위는 "콜센터의 실시간 모니터링이 인권 침해의 소지가 크다"며 "노동감시를 법적으로 규제할 수 있도록 관련법을 만들어야 한다"고 제안했다. 하지만 현장은 달라지지 않았고, 관련법은 여전히 없다.

그사이 전자감시의 영역은 점점 더 커졌다. 3월 13일 저녁 8시, 퇴근시간에 딱 맞춰 전산에서 로그아웃 했다가 꾸지람

콜센터 상담원과 팀장의 카톡방 재구성

※ 체험을 바탕으로 내용을 재구성했습니다

단체 채팅방 | 참여자 6명

박현주 오전 11:25
팀장님 저희 오늘 식사 몇 시인가요?

팀장 오전 11:30
오늘 식사는 3시 30분에 다녀오세요

박현주 오전 11:30
네

김수지 오후 12:10
화출

김수지 오후 12:16
화착

▶화출: 화장실 간다는 뜻, 화착: 자리에 복귀했다는 뜻

팀장 오후 1:00
오늘 아웃바운드 콜이 많네요
아웃바운드 콜 줄여주세요

매니저 오후 1:20
콜 밀립니다 후처리 풀어주세요

▶후처리: 통화 후 상담 이력을 남기는 등의 사후 처리를 뜻함

팀장 오후 1:40
김수지 (인)20 (아웃)6, 박현주 (인)27 (아웃)1
신민정 (인)18 (아웃)2, 조은혜 (인)25 (아웃)0

▶아웃바운드(아웃): 전화 거는 것, 인바운드(인): 전화 받는 것

팀장 오후 1:41
수지 씨 오늘 아웃바운드 너무 많아요

김수지 오후 1:41
죄송합니다

매니저 오후 2:00
30분 뒤에 블라우스 5종 방송 시작합니다
최대한 콜 소화해주세요

조은혜 오후 2:15
화출

조은혜 오후 2:20
화착

매니저 오후 2:40
후처리 관리해주세요

매니저 오후 2:42
블라우스 방송 끝날 때까지 이석 금지입니다

▶이석: 자리를 옮기는 것으로, 화장실에 다녀오는 등의 행위를 하지 말라는 뜻

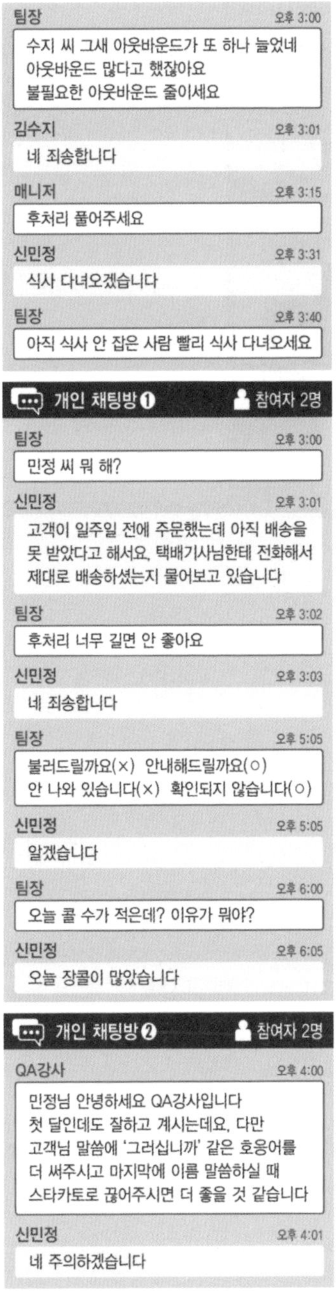

을 들었다. 로그아웃 하자마자 달려온 팀장은 "너무 정시에 퇴근하는 것도 보기에 좋지 않다. 8시가 돼도 한두 콜 정도는 더 받고 퇴근하라"고 했다. 전산을 보던 팀장이 친히 "점심시간 끝났어"라고 말한 적도 있었다. 밀려드는 전화를 받으라는 뜻이었다.

팀장은 상담원의 일거수일투족을 보고 있었다. 업무시간에는 팀 메신저에 팀원 각각이 지금까지 받은 콜 수를 올려놓고 모두가 볼 수 있게 했다. 내 콜 수는 대체로 팀에서 꼴찌이거나 꼴찌에서 바로 위였고, 센터 전체에선 맨 뒤에서 세 번째 정도였다. 팀장은 "첫 달이니까 아직 괜찮다"고 했지만, 중간중간 콜 수 통계를 보며 "오늘은 더 적네. 이유가 뭐야?" 같은 말을 남겼다.

사정이 이러니 점심시간 외에 잠시 쉬기도 쉽지 않다. 3월 20일, 같은 팀 은혜 언니가 15분 정도 자리를 비웠다. 그러자 다른 팀 관리자가 전산 시스템을 보

고 은혜 언니를 찾으러 자리에 왔다. 바쁜 시간은 아니었지만, 그 관리자는 상담원이 15분이나 자리를 비웠단 사실에 놀라 달려온 것이다. 나중에 은혜 언니는 담담하게 말했다. "그날 팀장한테 호되게 혼났어. 내 상태를 자기만 보는 게 아니라고 엄청 뭐라고 하더라고…."

정현철 사무금융노조 조직국장은 "콜센터 채용 공고를 보면 잘 정비된 휴게실 사진 등을 함께 올리는 경우가 많은데, 정작 상담원들이 휴게실을 사용할 틈이 없다는 게 아이러니"라며 "한마디로 빛 좋은 개살구"라고 말했다.

'콜 품질'을 빙자한 감청

무엇보다 소름 끼치는 순간은 회사가 내 통화 내용을 듣고 있을 때였다. 현업 배치 2주차였던 3월 17일, 전화를 끊자마자 팀장에게 메시지가 왔다. '불러드릴까요(×) 안내해드릴까요(○) / 안 나와 있습니다(×) 확인되지 않습니다(○)' 자세한 설명은 없었지만, 방금 통화에 대한 지적이란 사실을 알 수 있었다. 상품에 대해 꼼꼼히 묻는 고객에게 "안내서에 적힌 내용을 불러드릴까요?", "죄송하게도 그 부분에 관해선 설명이 안 나와 있습니다"라고 말했는데, 팀장은 이런 표현이 상담 용어로 적절하지 않다고 질책한 것이다.

콜센터는 상담원의 통화 내용을 자주 듣는다. 상담원의 통화 내용을 직접 들어보고 '콜 품질'을 평가한다는 취지다. 대부분의 콜센터에는 큐에이(QA, Quality Assurance)라는 제도가 있다. 회사에 있는 큐에이 강사들은 상담원이 통화 중일 때 아무 전화나 임의로 들어보고 평가한다. 모든 상담원의 통화는 녹음되니, 녹음 파일을 들어보고 점수를 매기기도 한다. 큐에이 강사들은 콜 품질 평가의 기준이 되는 수십 개의 항목을 놓고, 상담원이 이에 맞게 말하고 있는지 점수를 매긴다. 이 점수는 성과급에 영향을 미치기 때문에 상담원들은 평가에 민감하다.

업무 시작 10일째였던 3월 14일, 큐에이 강사의 메시지가 왔다. 큐에이 강사는 "'호응어'를 더 써달라"고 했다. 호응어란 쉽게 말해

맞장구다. 고객이 한 말에 상담원은 적절히 맞장구를 쳐줘야 한다. 고객이 "제가 물건을 샀는데 반품하려고요"라고 하면, 상담원은 "네"가 아니고 "아, 그러십니까"라고 호응해줘야 한다. 고객이 뭔가 확인하기 위해 상담원에게 "잠시만요"라고 말하면, 상담원은 "네"라고 하면 안 되고 "네, 기다리겠습니다"라고 해야 한다. 콜센터 교육 때 받은 '상담 품질 모니터링 평가표'를 보면, 단조로운 표현은 상담원의 '공감 점수'에 마이너스가 된다. 호응어가 입에 잘 붙지 않았던 나는 줄곧 "네"라고 답했고, 큐에이 강사가 이를 들은 모양이었다.

그러나 큐에이 강사가 통화를 듣고 있다는 표시는 따로 전산 시스템에 뜨지 않았다. 강사는 상담원이 모르는 새에 전화를 듣고 평가했을 것이다. 보통의 노동자들은 결과물에 대해 평가받지만, 콜센터 상담원은 콜 수 같은 노동의 결과뿐 아니라 노동 과정까지도 매 순간이 평가를 받는다. 감시 노동의 다른 이름은 '상시화된 성과 평가'였다.

비용 절감을 추구하는 콜센터의 논리 앞에서 상담원 개인의 불쾌함이나 불안함은 별다른 고려 대상이 되지 못한다. 회사 입장에서 '감청'은 가장 적은 비용으로 손쉽게 상담원의 상담 품질을 일정 수준 이상으로 유지할 수 있는 장치였다. 콜센터는 최저임금을 주면서 저숙련 초보 상담원을 고용한다. 이직이 잦은 콜센터 상담은 숙련도를 높이기 쉽지 않은 일이다. 업체는 일정 수준의 콜 품질을 보장하기 위해 상담원을 늘 감시한다. 감시당하는 노동자의 감정과 인권은

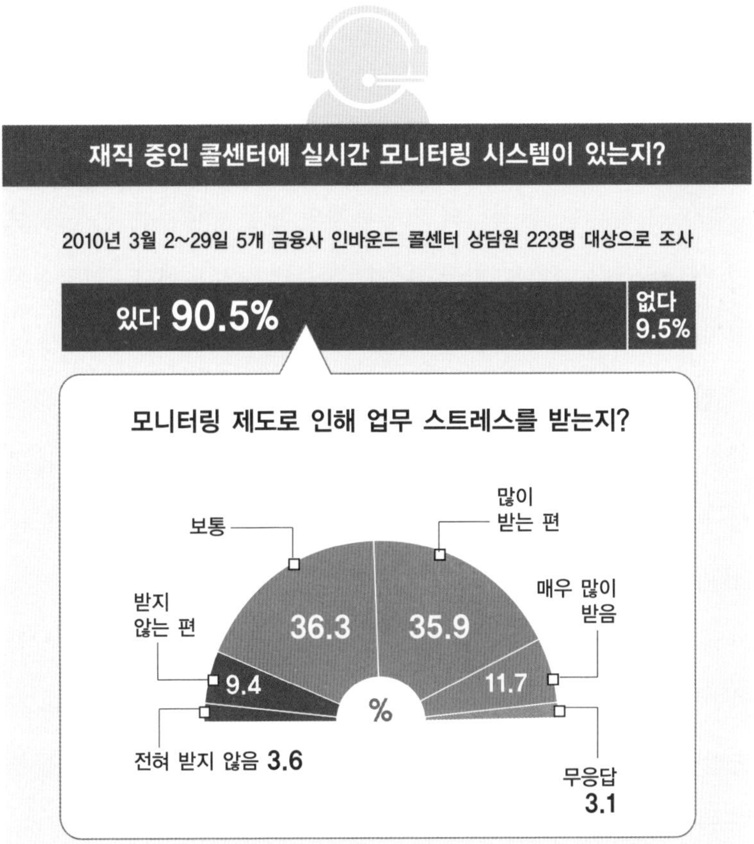

자료 : 유기종(2010), 금융기관 콜센터 근로자의 고충처리에 관한 실증연구

고려되지 않는 악순환의 고리다.

상담원들이 목소리를 내면 바뀔 수 있을지 모른다. 은혜 언니는 "회사의 감시 노동이 심각하다"는 내 말에 고개를 끄덕였다. 정수연 언니는 한술 더 떴다. "큐에이 그거 고객 입장에서도 되게 불쾌한 일 아니야? 상담원이랑 둘이 통화하는 줄 알았는데 알고 보니 제삼자

가 몰래 통화 내용을 듣고 있는 거잖아. 개인 정보인데 고객한테 동의를 구하는 것도 아니고." 그러나 그게 끝이었다. 언니들은 회사를 욕하는 것 말고 뭘 어떻게 해야 하는지 알지 못했다.

2006년 발간된 '콜센터의 고용관계와 노동문제'라는 논문을 보면, 상담원들은 그때도 지금과 똑같은 불만을 토로했다. "화장실에 몇 번 갔는지 기록에 남는다." "어느 순간에 내 목소리를 누군가 듣고 있다고 생각하면 소름이 끼친다." 콜센터 노동에 대한 잇단 문제제기에 지방자치단체 차원의 조사와 인권위 권고 등도 이어졌다. 그러나 변한 것은 없었다. 콜센터의 감시 노동을 제재할 법과 제도는 2006년에도 지금도 없다.

답답한 마음에 집으로 돌아가는 퇴근길, 2ℓ 생수통을 사 들고 참았던 물을 꿀꺽꿀꺽 마시며 본 스마트폰에는 '4차 산업혁명 시대 기술발달로 사라질 가능성이 가장 큰 직업으로 콜센터 상담원이 꼽혔다'는 뉴스가 떠 있었다. '전자 감시도 모자라 이젠 인공지능이구나.' 아득한 퇴근길, 물맛이 썼다.

두 번째
이야기

내 '욕받이 값'은 얼마입니까

3월 14일, 콜센터로 출근해 한창 전화를 받고 있었다. '따르릉~' 전화가 연결됐다.

"안녕하십니까? ○○쇼핑 신민정입니다. 무엇을 도와드릴까요?"

"주문하려고." "네 고객님, 성함과 휴대전화 번호가 어떻게 되십니까?"

"거기 컴퓨터에 뜨지 않아?" "네 고객님, 본인 확인을 위해 한 번만 확인 부탁드립니다."

고객의 목소리가 갑자기 커졌다. "사람 피곤하게 왜 그래? 거기 이름 전화번호 뜨는 거 다 아는데 피차 귀찮게 왜 불러달라는 거요? 물건 사러 전화한 사람한테 물건만 팔면 되지 이름이랑 전화번호가 왜 필요해요? 대체 언제부터 고객한테 이름이랑 전화번호 확인하기 시작했어요? 몇 년 전부터 확인하기 시작했는지 알아 와요!"

팀장에게 곧바로 메시지를 보냈다. "우리 언제부터 인입 고객(전화를 건 고객) 이름과 전화번호를 확인했는지 아세요?" 팀장은 '고객이 그런 걸 묻냐'고 의아해하면서도 '이 홈쇼핑 콜센터 개국 이래 계속 해왔다'고 알려줬다. 고객에게 그대로 전했다.

"네 고객님, 기다려주셔서 감사합니다. 저희 ○○쇼핑에서는 △△△△년 개국 이래 정확한 주문 및 배송을 위해 본인 확인을 해오고 있습니다. 이 점 양해를 부탁드립니다."

고객은 잠시 침묵했다. "전에 상담원은 그러지 않았단 말이야. 당신이 잘못 아는 거야!" 전화가 '툭' 끊어졌다.

매뉴얼에는 나오지 않는 '진상'들

콜센터에 취직한 직후 만났던 교육 담당자는 자신의 상담 경험에서 우러나온 조언을 건넸다. "처음엔 고객 때문에 상처받을 수 있지만 시간이 지나면 괜찮아져요. 나중에는 한 귀로 듣고 한 귀로 흘릴 수 있게 돼요. 그냥 '이 고객은 화풀이할 데가 없는 사람이구나, 불쌍하다' 이렇게 생각하세요."

고객의 말에 초연해지려면 얼마나 시간이 흘러야 할까. 다행히도 콜센터는 상담원이 자신을 다독이며 모든 것을 감내하도록 방치하진 않았다. 내가 일했던 홈쇼핑 콜센터는 고객의 갖은 문의에 상담원이 당황하지 않고 대응할 수 있도록 촘촘한 고객 응대 매뉴얼을 갖고 있었다.

욕설 고객에 대한 응대도 있었다. 매뉴얼에는 고객이 욕설을 할 때 "욕설을 하시면 상담이 어렵습니다"라며 1차 경고를 하고, 그래도 또 하면 2차 경고, 그래도 또 하면 3차 경고를 한 뒤 전화를 끊을 수 있다고 돼 있었다. '전화를 끊으려면 세 번이나 욕을 먹어야 하다니…'라고 생각하던 차, 매뉴얼 강의를 하던 강사가 말했다. "근데 만약 상담원이 고객님을 짜증나게 해서 고객님이 욕을 했다고 가정해봐요. 거기서 '욕설을 해서 상담이 어렵다'고 하면 고객님이 뭐라고 생각할까요? 그러면 안 되겠죠?" 어떤 경우에 상담원이 욕먹을 만한 걸까. 몇몇 수강생은 웃었고, 몇몇 수강생은 웃지 않았다.

감정노동에 대한 사회적 관심이 커진 탓인지 최근엔 콜센터 고객들 가운데 대놓고 욕설이나 성희롱을 하는 경우는 많지 않았다. 하지만 은근한 비하나 무시, 인격 모독은 일상이었다. 홈쇼핑 상담원은 업무 특성상 고객이 불러주는 주소와 카드 번호 등을 입력해야 한다. 이를 한 번에 알아듣지 못하면 "아가씨 귀먹었어?", "이런 것도 한 번에 못 알아들으면서 어떻게 상담원을 하는 거야?"라는 말이 튀어나온다. 이런 식이다. "경기도 에레스로…" "고객님, '애래수로' 말씀이십니까?" "아니 이 아가씨 귀가 먹었어? 엘!에!스!로! 엘에스 회사도 몰라? 엘!에!스!"

매뉴얼에 나오지 않는 당황스러운 일도 수시로 마주해야 했다. 옷

을 주문하는 고객에게 “이 상품은 상표를 제거하시면 교환 및 반품이 어렵습니다”라고 안내했다. “내가 언제 반품한다고 했냐, 왜 사람을 이상하게 몰아가느냐”라고 소리를 지르는 고객에게 어떻게 대응해야 하는지 매뉴얼에는 없었다. “▽▽신용카드를 쓰면 할인이 되느냐”고 묻기에 “해당 카드는 죄송하지만 할인이 적용되지 않는다”고 답했다. “죄송하면 다냐”고 화를 내는 고객에겐 뭐라고 해야 할지 난감했다. 영양제를 주문하면서 “이 영양제 효과 없으면 죽여버릴 거다”라고 말하는 고객을 응대하는 방법도 알 수 없었다. 다만 매뉴얼에는 ‘고객과 싸우지 말라’고 돼 있으니, 그저 “불편을 드려 죄송하다. 양해를 부탁드린다"며 쩔쩔맸다.

아파도 이곳을 떠나지 못하는 이유

고객은 모른다. 전화를 받는 상담원의 연령대가 어떻게 되는지, 누구의 엄마이고 누구의 딸인지. 어떤 고객에게 상담원은 자신의 요구를 빠르게 처리해주는 '자판기'일 뿐이었다.

고객의 한마디로 마음에 파도가 이는 나와 달리 최미영 언니는 언제나 고요했다. 점심을 먹으며 "어제 드라마 보고 펑펑 울었잖아"라며 눈물을 글썽일 정도인 언니였지만, 일터에서는 맷집이 셌다. 40대 초반인 미영 언니는 이전에 두 곳의 홈쇼핑 콜센터에서 13년 정도 일했던 베테랑이다. 아들이 중학교에 막 입학했으니, 언니는 아들이 태어난 직후부터 이 일을 한 셈이다. 언니는 한 홈쇼핑의 재택 상담원으로 10년 남짓 일했다고 한다. 맷집은 세졌지만 그 10년 동안 마음 한구석엔 풀 데 없는 멍울이 생겼다. "맨날 집에 있으니까 옷값 안 들고, 화장품값 들지 않는 건 좋았어. 근데 집에서 벽 보고 전화만 받으니 우울증이 오더라고. 맨날 남편이랑 아들한테 애꿎은 화풀이를 하게 되고…."

미영 언니는 일을 그만두는 대신 출퇴근하는 다른 홈쇼핑 콜센터로 옮겼다. 일과 생활을 분리하고 싶어서다. 그런데 어느 날 아침 일

어났는데 목이 부어 목소리가 나오지 않았다고 했다. 팀장에게 조심스레 "목소리가 나오지 않아 출근이 어렵다"고 얘기했다. 팀장은 결근을 허용하지 않았다. "그러면 사무실에서 (목소리 안 써도 되는) 사무라도 보세요." 언니는 일을 그만뒀다. 아프다는 직원한테 일단 출근부터 하라는 회사에 미련이 없었다. 미영 언니는 지금 그 선택을 후회한다. "거기가 여기보다 월급이 더 많았거든. 거기 관리자한테 자리 생기면 불러달라고 해뒀어. 거기서 불러주면 여기는 그만둘 거야."

자식을 키우는 데는 돈이 많이 든다. 하지만 중년 여성이 선택할 수 있는 일자리는 많지 않다. 대학생 아들을 둔 김진숙 언니도 아들을 키우는 내내 맞벌이를 했다. 50대 중반인 진숙 언니는 콜센터에서 나이가 많은 축에 속했다. 팀장도, 매니저도, 센터장도 언니보다 어렸다. 진숙 언니는 '영업왕' 출신이다. 보험과 카드 영업을 했다. 언니는 영업에 수완이 있었다. 억대 연봉을 받을 때도 있었다. 하지만 진숙 언니는 "어느 순간 남에게 아쉬운 소리를 하는 데 지쳤다"고 했다. 불확실한 수입도 문제였다. 성과가 좋은 달은 월급을 1000만 원까지 받은 적도 있지만 어느 달은 100만 원도 벌기 힘들었다. 그래서 진숙 언니는 적더라도 안정적인 월급을 받는, 나이가 많은 중년 여성도 기꺼이 받아주는 콜센터 업계로 들어섰다. 정수기회사 콜센터, 은행 콜센터 등을 다녔지만, 오래 다니지 못했다. 정수기회사는 고객 불만이 많았고, 은행은 상담원에게 점점 더 전문 지식을 요구했다. 진숙 언니는 조금이라도 덜 힘든 콜센터를 찾아 옮겨 다녔고 그렇게 이곳에 왔다. 미끄럼틀 타듯 저임금 일터로 내려온 셈이다. “전이랑 비교하면 월급은 적지만 일은 확실히 편해.” 언니는 만족한 듯 말했다.

그랬던 진숙 언니도 한 달 만에 그만뒀다. 진숙 언니는 “동료 상담원들이랑 친해져봐야 한 달만 지나면 거의 다 그만둘 테니 연락처 교환은 안 하겠다”며 누구에게도 전화번호를 남기지 않았다. 그래서 진숙 언니가 왜 이곳을 그만뒀는지는 아무도 모른다. 여러 콜센터에 원서를 넣었지만 나이 때문에 이곳에 유일하게 합격했다는 언니는 연기처럼 사라졌다. 진숙 언니는 줄곧 맞벌이를 했다고 했으니, 또 다른 일터로 자리를 옮겼을 것이다. 콜센터인지, 아니면 언니가 잘했던 영업인지는 알 수 없었다.

내 욕받이 값은 최저임금

콜센터 일은 힘들고 월급은 너무 짰다. ‘이 돈 벌자고 이런 말까지 들어야 하나’ 싶었다. 월급은 최저임금보다 230원 많았다. 최저시급 기준 주 5일 하루 8시간씩 일하면 157만 3770원을 받게 되는데, 이곳 신입 상담원이 한 달 만근했을 때 받을 수 있는 금액은 157만 4000원이었다. 4대보험과 세금 등을 떼면 143만 원 정도를 손에 쥔다.

이 돈으로는 밥 사 먹기도 무서울 수밖에 없다. 콜센터 휴게실에는 냉장고와 전자레인지가 각각 두 대씩 있다. 냉장고에는 언니들이 집에서 가져온 반찬들로 꽉꽉 채워져 있고, 전자레인지는 늘 바쁘게 돌았다. 언니들은 냉동실에 얼려놓은 밥을 전자레인지에 돌리고, 냉장고에서 오이지, 무말랭이, 김 등을 꺼내 함께 먹었다. 편의점에서 도시락을 사 오거나, 컵라면에 날달걀을 넣고 전자레인지로 데웠다. 콜센터가 있는 건물 1층엔 5000원짜리 순두부찌개, 6000원짜리 순댓국을 파는 가게들이 즐비했다. 카페의 아메리카노는 1900원이었다. 5000원짜리 밥을 사 먹고 커피까지 마시면 6900원. 1시간 동안 설움을 견디며 전화를 받은 대가와 맞먹었다. 그래서 언니들은 콜센터 휴게실에서 밥을 먹고 콜센터에서 마련해준 공짜 자판기 커피를 마셨다.

콜센터 저임금의 역사는 꽤 오래됐다. 통계청의 서비스업 조사와 2016년 한국노동연구원이 내놓은 정책 자료를 보면, 콜센터 상담원 상용 종사자의 1인 평균 연간 급여액은 2014년 기준 2084만 원이다. 2007년 1950만 원에서 그다음 해 2151만 원까지 올랐다가 이후 다시 줄곧 감소해 2014년 2084만 원이 된 것이다. 한국노동연구원은 "최저임금이 꾸준히 높아지고 있는데도 콜센터 임금 수준은 오히려 떨어지고 있는 상황"이라며 "콜센터 종사자의 사회적 위치를 가늠할 수 있는 근거"라고 설명했다.

회사도 낮은 급여 수준을 다소 민망해하는 것 같았다. 콜센터에

내 일주일 수입·지출 내역

※ 3월 11~17일 기준, 편의를 위해 주급으로 환산(4대보험·세금 공제 제외)

일시	내용	수입(원)	지출(원)	비고
11일	콜센터 주급	32만 5296		첫 달은 수습 기간이라 최저임금 90% 적용 (최저임금 100%라면 36만 1440원)
12일	ㅈ김밥		3500	점심식사
	ㅇ카페		2600	점심식사 후 인근 카페에서 아메리카노
	키프티콘 선물		8200	동료 기자 생일이라 기프티콘 선물
	ㅂ동영상 스트리밍 서비스		1만 2000	매월 자동 이체됨
13일	콜센터 근처 ㅈ편의점		2500	출근하면서 목이 아플 때 먹을 사탕을 삼
	ㅇ카페		3800	점심을 거르고 주스를 마심
	집 근처 ㅈ편의점		1만 5290	퇴근 후 스트레스 해소용 주전부리 구매
14일	ㅎ족발		7000	점심식사
	ㅇ카페		4050	퇴근 후 스트레스 해소용 주전부리 구매
15일	ㅅ멀티플렉스 영화관		7000	쉬는 날이라 혼자 조조영화를 봄
	ㅅ커피전문점		5000	영화를 본 뒤 인근 커피전문점에 들름
16일	콜센터 근처 ㅈ편의점		3600	출근하면서 목이 아플 때 먹을 사탕을 삼
17일	ㅈ김밥		5000	점심식사
-	축의금		10만	지인 결혼식에 가지 못하고 축의금만 보냄
-	교통비		1만 7000	일주일간 쓴 교통비
-	통신비		2만 1615	한 달 통신요금÷4
-	월세		10만	
	합계	32만 5296	31만 8155	→ 잔액 7141원

지원할 때 본 채용 공고에는 '월 평균 190만/일 쉬움'이라고 적혀 있었다. 정확한 급여를 알게 된 것은 5일간의 교육이 끝나던 3월 2일이었다. 교육장 맨 앞 스크린에 월급표를 띄운 센터장은 숫자를 직접 언급하지 않고 "입사 후 6개월까지는 '이 금액(약 157만 원)'을 받게 되고, 1년이 지나면 '이 금액(약 162만 원)'을 받게 된다"고 레이저 포인터로 화면을 짚었다. "식대를 따로 주느냐"는 진숙 언니의 질문에 "포함된 금액"이라며 말끝을 흐렸다. 서둘러 이어진 '성과급' 파트에선 센터장의 목소리가 커졌다. 센터장은 "상담원의 콜 수와 콜 품질 평가에 따라 적게는 5만 원, 많게는 30만 원을 더 받을 수 있다. 조금만 열심히 해도 최소 5만 원을 받을 수 있다"고 강조했다. 세전 150만 원대 월급을 받는 상담원에게 30만 원의 인센티브는 월급의 20%에 해당했다.

1등이 되면 잘살 수 있을까

하지만 센터장은 콜센터에서 30만 원을 받을 수 있는 사람은 상담원 200여 명 가운데 단 한 명이라는 사실을 말하지 않았다. 단 한 명만이 '전화 지옥'의 실적 피라미드 꼭대기에 올라 30만 원을 받을 수 있었다. 30만 원을 손에 쥐려면 얼마나 전화를 받아야 할까. 회사에서 나눠준 성과표를 보니, 센터 상위권인 상담원의 시간당 콜 수는

14.2에 달했다. 내 콜 수의 거의 두 배(7.5)였다.

다른 콜센터에서 성과급 제도를 경험해본 진숙 언니는 내게 "욕심내지 말라"고 했다. "돈 몇 푼 더 받겠다고 욕심 부리면 나만 괴로워져. 화장실 안 가고 식사시간 줄여 전화 받는 게 얼마나 힘든 일인 줄 알아? 기본급은 정해져 있으니까 딱 그만큼 일해서 그만큼만 가져간다고 생각해야지, 욕심 부리면 병나." 한 보험사 콜센터에서 반년 정도 일했다는 박인선 언니도 "그때 내 입사 동기가 센터에서 딱 두 명이 받는 에스(S) 등급을 몇 번 받았거든. 비결이 뭐냐고 물어봤더니, 화장실 가는 것도 참고 밥 먹는 시간 아껴 전화 받았다고 하더라고. 그런데 전화 스트레스를 하도 받아서 퇴근할 때마다 머리가 깨질 듯 아팠대"라고 말해줬다.

그러나 조언은 조언일 뿐이었다. '이왕 고생하는 거 좀 더 고생하고 많이 받고 싶다'고 생각하는 이도 있었다. 입사 동기인 미영 언니가 그랬다. 언니는 콜 수에 민감했다. 늘 자신의 콜 수와 동료의 콜 수를 빠삭하게 알고 있었다. 언니는 "오늘 유정 씨가 나보다 한 콜 더 받았던데?", "오늘 내가 졌어. 언니가 나보다 더 많이 받았어" 같은 농담을 하곤 했다. 미영 언니는 신입치고 나쁘지 않은 시간당 콜 수(10콜)였지만 상위권이 되기엔 한참 모자랐다.

미영 언니뿐 아니라 대부분 언니들은 전화를 최대한 많이 받으려고 애썼다. 전화를 끊고 처리해야 하는 후처리 시간을 최대한 줄이고, 화장실 가는 시간을 아끼고, 휴게실에서 밥을 허겁지겁 입에 넣은 뒤 다시 워크 스테이션으로 돌아가 전화를 받았다. 통화가 끝나면 곧바로 다른 전화가 들어오고, 끊으면 숨 돌릴 틈 없이 다시 벨이 울리는 '전화 지옥'에 자리 잡기를 자처했다. 그렇게 버텨서 몇만 원이라도 더 받으면 아이들 반찬이, 교복 브랜드가, 학원이 바뀔 수도 있다. 그렇게 버티다가 몸이나 마음이 아파서 더 견딜 수 없으면 떠났다. 미영 언니가 우울증으로 10년 일했던 홈쇼핑 콜센터를 그만두고 다른 콜센터를 찾은 것처럼, 진숙 언니가 은행 콜센터의 압박을 견디지 못하고 이곳에 왔다가 다시 떠난 것처럼 말이다.

언니들은 그렇게 그만두고 나서도 "이 나이에 받아주는 곳이 없다", "당장 취직해 돈 벌 만한 곳이 여기밖에 없다"면서 다른 콜센터에 입사지원서를 넣었다. 언니들이 떠난 자리는 또 다른 언니들이 채웠다. 내게 콜센터는 퇴근할 때까지 전화가 끊이지 않는 '전화 지옥'이었지만, 중년의 나이에 일자리를 찾는 언니들에게는 기꺼이 손을 내미는 유일한 '구원의 손길'이었다.

원청은 '갑'
상담원은 '병',
그럼 고객은?

김현수(47) 씨는 '대구 사투리를 쓰는 여성'의 목소리를 들으면 지금도 심장이 두근거리고 식은땀이 난다. 2008년, 김 씨는 한 홈쇼핑 회사의 콜센터 상담원으로 일했다. 일한 지 3개월쯤 됐을 때 대구 사투리를 쓰는 한 여성 고객의 전화를 받았다. 홈쇼핑으로 시계를 샀는데 반품하고 싶다는 전화였다. 김 씨가 해당 고객의 구매 내역을 보니 시계는 5년 전에 산 상품이었다. 김 씨는 회사 매뉴얼에 따라 "제조업체에 알아보겠지만 반품이 어려울 수 있다"고 안내했다. 고객은 소리를 질렀다. "반품이 왜 안 된다는 거야?"

고객은 종일 김 씨를 괴롭혔다. 자신이 건 전화를 김 씨가 아닌 다른 상담원이 받으면 "당신 회사에 정신병자 상담원이 있다"며 김 씨를 바꿔달라고 요구한 뒤 폭언을 이어갔다. 해당 고객의 통화 녹취를 들어본 관리자는 "상담원 잘못이 아니다. 고객이 무리한 요구를 하고 있다"고 판단했다. 하지만 그뿐이었다. 문제의 고객에게 '폭언을 하지 말라'고 경고하기는커녕, 김 씨를 잠시 업무에서 빼주는 최소한의 조처도 없었다. 분명 뭔가 잘못됐는데 고통은 온전히 상담원 개인의 몫이었다. 김 씨는 자리 정리도 못한 채 콜센터에서 뛰쳐나왔다고 한다. 목에 걸려 있던 출입카드도 콜센터 근처 쓰레기통에 버렸다. "그 콜센터를 그만둔 지 10년이 넘었지만 아직도 경상도 사투리를 쓰는 여성 고객 전화를 받으면 그때 생각이 나요." 김 씨가 쓴웃음을 지었다.

콜센터 상담원은 폭언과 욕설에 항상 노출돼 있다. 한국노동연구원이 2013년 상담원 540명을 상대로 조사해 발간한 '서비스 산업의 감정노동 연구'를 보면, 응답자 10명 가운데 7명(68%)이 "고객의 무리한 요구를 경험했다"고 답했다. 인격 모독과 성희롱도 잦다. 인격을 무시하는 발언을 들은 이는 72%, 폭언이나 욕설을 들은 비율은 65%에 달했다. 성희롱을 당했다는 상담원도 10명 중 3명(32%)이었다.

금융사 콜센터에서 일한 경험이 있는 조은혜(32) 언니도 욕설과 폭언을 일삼는 고객에 데인 경험이 있다. 은혜 언니는 "하루아침에도 투자금이 왔다갔다 하니 민감한 건 이해하지만, 입에 담기 힘든 욕을 하는 사람이 많았다"고 했다. 고객의 욕설로부터 자신을 지킬 방법은 없었다. 그곳 콜센터에도 '욕설을 하면 상담을 계속할 수 없다'고 세 번 안내한 뒤 전화를 끊을 수 있다는 매뉴얼이 있었지만 그뿐이었다. "한번은 너무 화가 나서 욕을 한 고객의 이름과 전화번호를 종이에 적어둔 적도 있었어. '여기 그만두면 고소하겠다'는 마음이었지. 근데 결국은 뭐 흐지부지됐어. 잘못하면 역고소를 당할 수도 있겠더라고." 대부분의 콜센터는 입사할 때 '고객 정보를 유출하지 않는다'는 비밀 유지 서약서를 쓴다. 콜센터 상담원들은 회사의 침묵과 고객의 폭언 속에 그저 버틸 수 있는 데까지 버티다 회사 문을 나선다.

하지만 콜센터는 '과잉 친절'로 심화되는 이런 감정노동을 당연시한다. 내가 교육받았던 콜센터의 응대 매뉴얼에는 "고객에게 '감사하다', '죄송하다'라고 응답하라"는 지시 사항이 강조돼 있었다. 상품을 배송받을 주소를 불러준 고객에게는 "소중한 정보 확인에 감사드린다"고 해야 했고, 반품이나 교환을 원하는 고객에겐 "기대가 크셨을 텐데 만족을 드리지 못해 죄송하다"고 말해야 했다. 콜센터 입사 동기인 손정은 언니가 무리한 요구를 하는 고객과 다퉜다는 소문이 들렸다. 정은 언니는 "전에 다녔던 콜센터에서 스트레스를 많이 받아 안면 근육에 마비가 왔고, 그 일로 직장을 그만뒀었다"고 말한 적이 있다. 그랬던 정은 언니가 참다 못해 고객과 다툰 다음 날, 신입 상담원 교육을 담당했던 관리자는 입사 동기 상담원들을 모아놓고 "고객이 스트레스 풀 데가 없어서 그런 것이니 고객과 싸우지 말라"고 잔소리를 늘어놓았다. 콜센터의 모든 판단 기준은 소비자였다.

실제 '콜센터 상담원 노동자 실태조사' 결과를 보면, 절반 이상(59%)이 "고객으로부터 폭언을 들어도 전화를 끊지 말아야 한다"고 답했다. 절반 이상(58%)은 "고객에게 폭언을 들어도 무조건 사과를 해야 한다"고 했다. "폭언, 성희롱 등을 당한 뒤에 잠시 쉴 수 있다"는 응답은 54%였지만, "바로 다음 전화에 집중해야 한다"는 응답도 31%에 달했다.(한국노동연구원, '서비스 산업의 감정노동 연구', 2013년)

권현지 서울대 교수(사회학)는 "콜센터 업무에서 차별화할 수 있는 부분이 많지 않다 보니 주로 친절도로 승부를 보려 한다"며 "콜센터의 친절도 경쟁 때문에 고객들도 (고객과 상담원 간 주종 관계를) 원하게 되고, 그렇지 않으면 불친절하다고 느끼게 되는 현상이 발생한다"고 꼬집었다. '손님은 왕'이라는 업체의 수수방관 속에 상담 노동자들의 속병이 깊어질 수밖에 없는 구조라는 것이다.

다행히 콜센터 상담원 등 감정노동자에 대한 정치권의 관심은 높은 편이다. 내가 콜센터 상담원으로 일하고 있던 올해 3월 15일, 국회 환경노동위원회 고용노동소위는 '감정노동자법'으로 불리는 산업안전보건법 개정안을 통과시켰다. 콜센터 상담원이 고객의 폭언으로 정신건강에 문제가 생기거나 생길 것 같으면 업무를 일시 중단하거나 전환해달라고 요구할 수 있고, 회사가 이를 거부하면 1000만 원 이하의 과태료가 부과된다는 내용이었다. 그리고 이 법은 3월 30일 국회 본회의를 통과했다.

그러나 정은 언니의 사례처럼, 콜센터가 상담원을 '고객의 종'으로 생각하는 상황에서는 백약이 무효다. 박점규 비정규직없는세상만들기 집행위원은 "'소비자가 왕'이라는 기업의 논리 때문에 상담원이 소비자의 부당한 요구에 맞서지 못하고 오로지 감내해야 하는 게 현실"이라며 "이는 상담원의 감정노동을 가중시키는 주된 요인"이라고 설명했다.

문제는 콜센터의 방치 속에 상담원들이 병들어가고 있다는 점이다. 콜센터에서 몇 년 동안 일한 적이 있는 언니들은 모두 극심한 스트레스에 시달린 경험을 갖고 있었다. 8년차 상담원인 정수연(42) 언니는 몇 년째 만성두통에 시달리고 있었다. 언니는 두통의 원인을 '심리적 문제'라고 진단했다. "감정을 숨기고 일하니까 스트레스가 몸으로 표출되어 그런 게 아닌가 싶어." 2009년부터 상담원으로 일한 박인선(42) 언니도 스트레스로 인한 허리 통증을 호소했다. "전 직장에 있을 때 악성 콜을 많이 받는 날마다 허리가 아프더라고, 그래서 그만뒀어. 근데 목구멍이 포도청이라 다시 콜센터로 왔네."

2013년 한국노동연구원의 보고서를 보면, 콜센터 상담원 540명 가운데 43.7%가 우울증을 비롯해 서비스업 6대 질환(하지정맥류, 근골격계 질환, 소화장애, 생리불순, 성대결절)으로 병원 진료를 받은 적이 있다고 답했다. 약 25%는 우울증 의심군으로 분류됐고, 40%는 사회심리적 건강 고위험군이었다.

전문가들은 간접고용 구조인 콜센터 외주업체뿐만 아니라 원청의 책임성을 높이는 방향으로 제도가 개선돼야 한다고 지적했다. '고객은 왕이고, 원청이 갑'인 상황에서 상담원들은 '병'의 지위에 놓일 수밖에 없기 때문이다. 박찬임 한국노동연구원 연구위원은 "콜

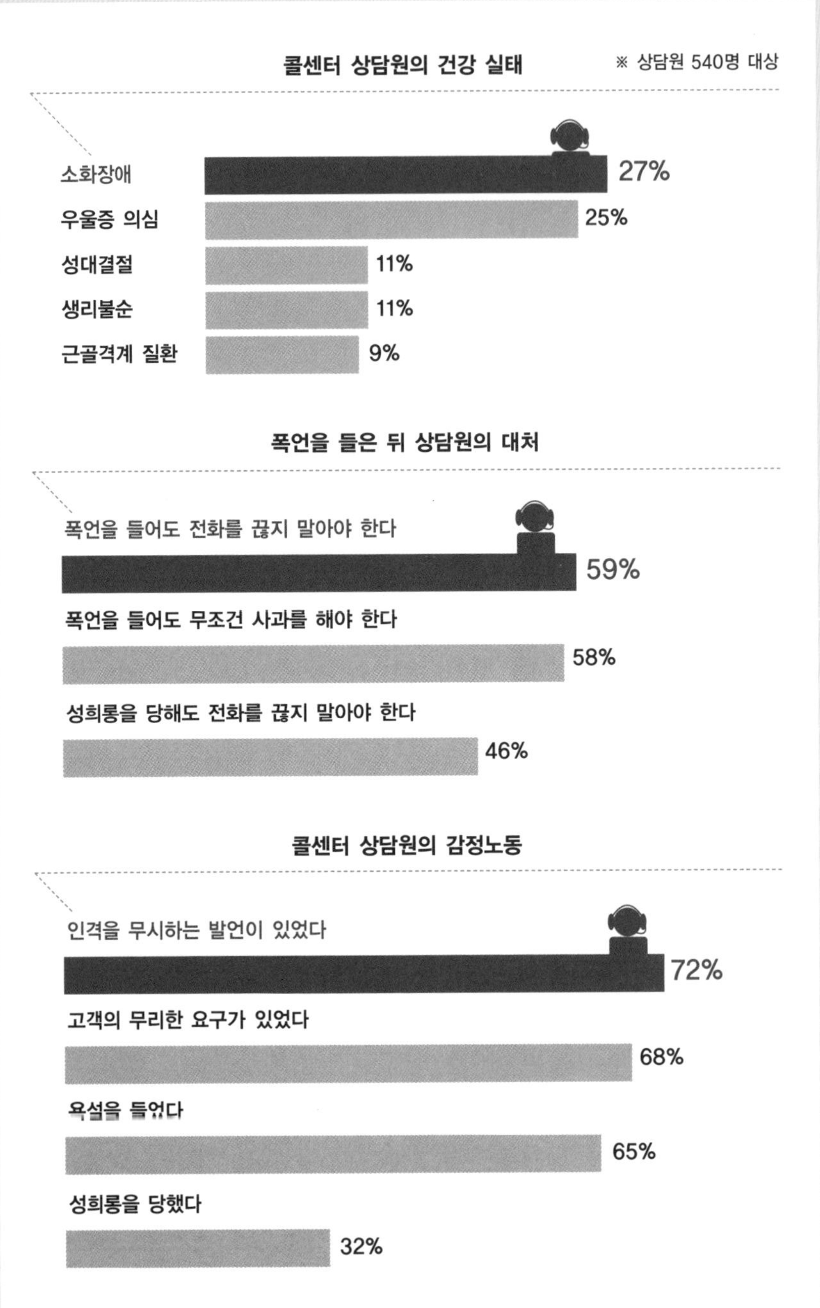

자료 : 한국노동연구원(2013), 서비스산업의 감정노동 연구

센터는 도급 계약이 흔하게 이뤄지는 분야이다 보니 콜센터 상담원은 외주업체 소속인 경우가 많다"며 "콜센터를 외주화한 도급사도 콜센터의 운영 방식과 관련이 있는 만큼, 도급사에도 콜센터 상담원의 노동조건에 대해 책임을 지우도록 해야 한다"고 말했다.

세 번째
이야기

'총알받이' 내 인생

고객들은 '홈쇼핑 직원인 네가 책임지라'며 콜센터 상담원인 내게 다그치기 일쑤였다. 하지만 그들의 말은 틀렸다. 콜센터 상담원들은 대부분 아웃소싱 업체에 소속된 간접고용 신세이기 때문이다. '갑'인 원청이 빠진 자리에서 '을, 병, 정'인 고객과 콜센터, 상담원들은 하루가 멀다 하고 목소리를 높여 다퉜다. 그 전쟁터에 승자는 없었다.

"당신 회사가 이따위 물건을 판 거 아니냐. 그러니까 당신이 책임져야지!"

3월 7일, 헤드셋 너머로 고객의 불호령이 떨어졌다. 3일 전 보정 속옷을 산 고객이었다. "속옷을 입어봤는데 사이즈가 너무 작아요"라며 반품을 요구한 고객은, "반품비 5000원이 제외됩니다"라는 설명에 내게 대뜸 소리를 질렀다. 고객은 "홈쇼핑으로 판 물건이니까 홈쇼핑 직원인 상담원이 책임져야지"라는 주장을 되풀이했다.

엄밀히 따지면 고객의 주장은 틀렸다. 내가 일했던 콜센터의 모든 상담원은 홈쇼핑 회사의 직원이 아니었다. 상담원은 모두 콜센터 전문 아웃소싱 업체 직원이고, 홈쇼핑 회사는 아웃소싱 업체에 콜센터 운영을 위탁한 '고객사'였다.

두 명의 고객

콜센터 상담원에게 고객은 둘이다. 하나는 상품을 사주는 고객, 다른 하나는 콜센터를 아웃소싱한 고객사다. 기업들이 직접 콜센터를 운영하는 경우는 거의 없다. '텔레마케팅 서비스업체'라고 불리는 콜센터 아웃소싱 전문업체가 하청받아 운영하거나, 기업이 자회사를 만드는 경우가 대부분이다. 1997년 외환위기를 기점으로 기업들은 콜센터를 외주로 돌리기 시작했다. 외주화 물결은 민간기업도 공공기관도 마찬가지였다. '콜센터 노동자 노동인권 보장을 위한 공동캠페인단'과 한국노동사회연구소의 자료를 종합하면, 2010년 기준 주요 공공기관 콜센터 7800여 곳 가운데 직영 비율은 15.7%에 불과했다. 권현지 교수는 "비용 문제로 서비스업에 대한 광범위한 아웃소싱이 이뤄져왔는데 콜센터도 그중 하나"라며 "'콜센터 상담 업무는 단순 업무'라는 인식이 있어 굳이 본사의 정규직으로 고용할 필요를 느끼지 못한 것"이라고 설명했다.

나를 고용한 콜센터 운영업체도 유통, 금융, 통신, 국제기구까지 이름만 들으면 알 만한 50여 곳의 콜센터를 맡아서 운영했다. 내가 일했던 콜센터의 아래층에는 같은 업체가 운영하는 △△마트 콜센터가 있었다.

상담원은 아웃소싱 업체의 필요에 따라 콜센터를 옮겨 다니기도 한다. ○○홈쇼핑 콜센터에서 만난 조은혜(32) 언니가 그런 경우였다. 은혜 언니는 □□금융사 콜센터의 비정규직 상담원으로 3개월 일하다 ○○홈쇼핑 콜센터 상담원으로 넘어왔다. □□금융이 외주 계약을 해지하자 같은 업체가 운영하는 홈쇼핑 콜센터로 넘어온 것이다. 겉으로 보기에 은혜 언니의 소속은 □□금융에서 ○○홈쇼핑으로 바뀌었지만, 정작 은혜 언니의 삶은 달라진 것이 없었다. 오히려 언니는 줄어든 월급에 관심이 있었다. "이전 콜센터보다 업무가 쉬운 것도 아닌데 월급은 적어. 다음 달쯤 그만두려고 하는데 혼자만 알고 있어." 은혜 언니는 함께 점심을 먹은 뒤 내게 귀띔했다.

정규지 같지 않은 정규지

나는 4주간 콜센터 아웃소싱 업체의 '정규직' 상담원으로 근무했다. 구직 사이트에서 콜센터를 검색했을 때 공고의 상당수가 아웃소싱 업체 소속의 '정규직' 모집 공고였다. 공고마다 '정규직/주 5일', '정규직/일 쉬움' 같은 문구가 적혀 있었다. 이들 업체는 모두 4대보험과 퇴직금, 연차휴가 등을 강조했다.

그러나 취직을 해보니 콜센터 상담원은 '무늬만 정규직'인 경우가 많았다. 우선 콜센터 상담원은 '아르바이트' 수준의 임금을 받았다. 내가 일했던 홈쇼핑 콜센터에는 정규직 상담원 200여 명과 파트타임 아르바이트 상담원이 10명 안팎 있었다. 신입 정규직 상담원이나 아르바이트 상담원이나 최저시급을 받았다. 물론 정규직 상담원은 근속연수에 따라 근속수당을 받기도 했지만, 5~10만 원 수준이라 임시직에 비해 낫다고 말하기 민망한 수준이었다.

콜센터 아웃소싱 업체의 정규직은 고용 안정성도 높지 않았다. 금융, 유통 등 고객사와 1~2년 단위로 위탁 계약을 맺고 콜센터를 운영하다 보니, 고객사와 계약이 해지되면 자연스럽게 상담원도 일자리를 잃는 구조다. 2016년 한국노동연구원은 "(아웃소싱 업체 정규직 상담원은) 위탁 계약이 종료될 경우 상담사들의 고용 계약도 자동으로 해지되기 때문에 간접고용 비정규직으로 볼 수 있다"고 지적했다. 박점규 비정규직없는세상만들기 집행위원은 "비정규직의 3대 요소를 저임금, 장시간 노동, 고용 불안으로 본다면, 콜센터 정규직 상담원은 비정규직의 요건을 두루 충족하는 '짝퉁 정규직'"이라고 말했다.

상담원은 고객사의 '1차 방어선'

이런 구조 탓에 아웃소싱 업체는 상담원을 쥐어짜게 마련이다. 도급 계약을 유지하기 위해선 비용을 낮춰야 하므로 최저임금만 줘도 되는 초보 상담원을 고용한다. 짧은 교육을 마치고 투입된 상담원의 콜 수와 상담 품질을 보장할 수 없으니, '큐에이' 등의 이름으로 상담원을 감시한다. 참다 못한 상담원이 그만두면 새로운 상담원을 저임금으로 채용한다. '저비용 고효율'의 악순환이다. '저임금 서비스 노동시장의 젠더 불평등'(권현지·김영미·권혜원, 2015)이라는 논문에선

"고객사는 낮은 비용으로 높은 효율을 내는 콜센터를 운영하길 원하고, 이에 콜센터는 상담원에게 싼 임금을 주며 관리자의 감시체계를 구축하고 콜 수 압박을 넣는다"고 지적했다.

계약 연장의 열쇠를 쥔 고객사는 상담원에게도 두려운 존재였다. 고객사에 가장 불쾌한 일은 상담원이 업무를 제대로 처리하지 못해 본사로 민원이 넘어오는 일이다. 이 때문에 상담원들은 고객사의 심기를 건드리지 않으려 애를 썼다. 신입 상담원 교육을 받던 3월 2일, 교육 강사는 이 콜센터에 두고두고 전해져 내려오는 실수담을 전했다. 한 상담원이 업무를 잘못 처리해서 고객이 불편을 겪었고, 이 고객이 이를 조목조목 적어 고객사에 민원을 제기하는 바람에 센터가 발칵 뒤집혔다는 내용이었다. 강사는 "결국 서울에 있는 고객사 직원들이 지방에 사는 고객님 댁까지 찾아가 사과를 했다"고 심각한 얼굴로 말했다. 이날 교육의 요지는 '(같은 일이 벌어지지 않도록) 상담을 할 때 관련 내용을 충분히 숙지하자'였다. 하지만 정작 내 뇌리에 강렬하게 박힌 것은 '상담원 때문에 고객사가 고개를 숙였고, 그 상담원은 곧바로 쫓겨났다'는 결론이었다.

억울할 때도 있었다. 고객들은 고객사의 과도한 상술에 화를 내는 경우가 많았다. 그런데 이 분노를 받아내는 것은 고객사와 고용 관계를 맺지 않은 상담원들이었다. 내가 콜센터 상담원으로 일하는 동안 가장 많이 들었던 항의는 "왜 방송에 나온 가격과 상담원이 안내해주는 가격이 다르냐"는 것이었다. 홈쇼핑 방송에서는 '카드·일시

불·자동 주문' 등 각종 할인 혜택을 중복 적용한 최저가를 큼지막하게 보여준다. 정가는 그 밑에 콩알만 한 글씨로 쓰여 있다. "당신네 회사 왜 그러냐, ○○쇼핑 직원인 상담원이 책임지라"는 고객의 말에 "죄송하다", "양해를 부탁드린다"며 어쩔 줄 모르는 건 아웃소싱 업체 소속인 상담원의 몫이다.

콜센터 상담원을 '총알받이'라고 부르는 것도 이 때문이다. 상담원은 고객의 분노를 매끄럽게 처리해 분노가 고객사로 향하지 않도록 '1차 방어선' 역할을 충실히 해야 한다. 첫 팀 회식이 있던 3월 19일, 일반 상담원에서 출발해 콜센터 경력만 20년쯤 된다는 센터장이 해줬던 말은 의미심장했다. "고객사가 갑, 고객은 을, 상담원은 병이야."

언니들이 떠나는 이유

언니들은 이곳을 오래 다닐 직장으로 여기지 않았다. 낮은 임금, 불안정한 고용, '을'도 아닌 '병'의 지위 등 비정규직이나 다름없는 탓이었다. 다른 홈쇼핑 콜센터에서 일하다 이직한 최미영 언니는 월급이 좀 더 많았던 전 직장에서 다시 불러주길 바라며 잠시 머물렀다. 언니는 "전 직장 관리자가 자리 생기면 불러주겠다고 했다"며 "그 회사에서 불러주면 이곳은 바로 그만둘 예정"이라고 했다. 은행 콜센터를 석 달쯤 다녔다던 김진숙 언니도 "어차피 한 달만 지나면 다 그만두고 동기 중 한두 명밖에 안 남을 것"이라고 '예언'을 하더니, 언니가 먼저 그만뒀다. 그리고 진숙 언니의 예언이 맞았다. 콜센터를 다니며 프랜차이즈 빵집에서 '투잡'을 뛸 계획이었던 손정은 언니도, 신입 교육 당시 맨 앞자리에서 열심히 필기하던 박순정 언니도, 패스트푸드점 매니저를 하다가 온 신이슬 씨도, 콜센터에 투입된 첫 주에 나와 같이 끙끙댔던 이주영 언니도 모두 한 달을 채우지 못하고 떠났다.

김종진 한국노동사회연구소 부소장은 "콜센터 상담원은 저임금을 받으며 하루에 100콜 이상씩 받는 '무늬만 정규직'"이라며 "일자리의 질을 따질 때 단순히 '정규직=좋은 일자리'라고 볼 게 아니라 고용의 질, 임금, 업무 방식 등을 종합적으로 봐야 하는 이유"라고 지적했다. 권현지 교수는 "콜센터 상담원의 노동조건에 대해 정규직이냐 여부를 이분법적으로 따지는 것은 의미가 없다"며 "콜센터가 고객과 만나는 접점인 만큼 기업도 단순한 비용 문제로만 접근하는 것은 바람직하지 않다"고 말했다.

노동
orz
웹툰

‘화출’
‘화착’
내 대장 사정을
보고 드립니다

1. 돌고래
고객 유형 : 배송 문의
기타 메모
※ 주의 : 돌고래
따르릉
안녕하세요. 고객님.
아 넵, 주문한 물건이 왜 아직 안 오는-
꺄야아아아악!!!
헉!
막상 매뉴얼대로 친절하게 한다고 다 되는 건 아니다.
죄송합니다. 고객님!
꺄야아아아아아악! 뭐가 죄송한데?!
죄, 죄송할 수밖에 없어서 정말 죄송합니다! 업체 출고 지연은 저희 소관이 아니라-
뭐라고?!
내 시간!!! 내 스트레스!!! 어떻게 보상할 건데?!
그, 그럼 확인 후 다시 연락을-
또 기다리라고?! 너 이름 뭐야아아아악!!!!!!
커헉

2. 지켜보고 있다
띠링~
?
콜을 마치자 QA에게서 메시지가 왔다.
QA
아니라서요(x)
아닙니다(o)
안 나와있습니다(x)
확인되지 않습니다(o)
불러드릴까요(x)
안내해 드릴까요(o)
말씀드린 것처럼(x)
안내드린 것처럼(o)
이름은 한 자 한 자 끊어서 발음
'해요'체 주의 할 것.
아마 고객은 모를 테지만
상담전화는 사실상 세 명이 하는 통화다.
품질 평가를 위해 실시간 (때로는 녹취본)으로
점수가 매겨지기 때문이다.
저야말로 감사합니다.
더 궁금하신 건 없...
스윽
막상 매뉴얼대로
친절하게 한다고 다 되는 건 아니다.
한 콜이라도
더 받자.
지금 통화 3분
넘어가는 거 알지?

3. 메신저
콜센터 업무 자체는 단순해서
대부분은 매뉴얼대로 하면 된다.
윽, 배가…
꾸르륵
어디 보자,
자리를 비울 땐
'대기'로 돌려두고…
어디 가?
화장실이요.
메신저에
'화출'
남겨야지.
화장실
출발
화장실 다녀와서
착석
꾸륵
꾸르륵
매뉴얼에 나오지 않은 것도 있었다.
화장실에 갈 땐 팀 메신저에 보고해야 한다.
바쁠 때 우르르 화장실에 가는 걸
방지하려는 목적이라지만
꾸르르르
꾸르르르르르
쿠르르르르
쾅
대장 사정이 투명히 공개되는 건
아무래도 가혹하다.

4. 교육장-A
우리 상담원들은 기계가 아닌 인간입니다.
말 한마디에 상처를 받기도 하고, 반대로 하루를 버틸 힘을 얻기도 하지요.
그러니까~ 고객이 상담원에게 원하는 것도 바로 요 포인트란 말이죠!!
-고객이 법이다
-공감과 경청
비록 전화 상일지라도 따스한 인간의 온기를 전달하는 게 상담원의 임무입니다!
상담사 교육 day1
여성의 경우 : 맞장구 또는 미소있는 응대
남성의 경우 : 미소가 없더라도 친근하고 다정다감한 응대
어떻게? 미소 띤 얼굴로!
매일 아침 미소를 부르는 주문으로 시작합시다.
다들 아시죠? 하나, 둘, 셋~
인센티-브 ^^!
한 번 더!
인센티이-브 ^^!!

5. 오징어의 맛
울릉도
생물 오징어
1.5kg
단 돈
39,900
(자동주문시)
자동전화 0X0-XX0X-XX00
상담전화 0X0-XXX0-0XX0
대 기
21
꾸르륵—
저 오징어를 사려면
다섯 시간 일해야 한다.
최저시급 받음
인센티브 30만 원을 받으면
고민 없이 사 먹을 수 있으려나.
하지만 200여 명의 상담원 중
인센티브를 가져갈 사람은 단 한 명.
점심시간도 아껴가며
콜을 당긴 사람만이 받을 수 있다.
달리 생각하면 센터는 30만 원으로
200명을 손쉽게 굴릴 수 있으니
그야말로 남는 장사 아닌가.
뭐 해?
아...
대 기
21
상 담 중 96
서비스레벨 93%
휴 식 2
돈 받으면서
홈쇼핑 감상하고
꿀이다 그치?
죄송합니다.
시간 남으면
옆에 화면도 봐줄래?
우리 팀이 콜 수
꼴찌거든.

6. 콜센터 언니들
에이씨~ 아줌마 뭘 이렇게 버벅 대? 집에 있다 왔어?
제길, 분하지만 반박할 수 없다.
10넘게 홈쇼핑 재택 상담원으로 일한 경숙 언니는 어느 날 집을 떠나야겠다 생각했다.
종일 벽보고 전화만 하려니 우울증 오겠더라고.
결국 나와서 온 곳도 콜센터지만.
참고 계속할 걸 싶기도 해. 여긴 월급이 너무 짜서 점심 한 끼 사 먹기 겁나잖아.
경력이 있으면 있어서, 없으면 없어서 오는 곳이 콜센터였다.
에이~그래도 잘 나왔어. 돈 덜 받아도 맘 편한 게 나아.
종일 말에 시달리는데 집에서라도 조용히 쉬어야지.
사실 집에서도 못 쉬어. 남편이 나이 먹고 여성호르몬이 느는지...
저쩌구
쟁알
어쩌구
쟁알
쉴 곳이 없어...

7. 교육장-B
오늘은 우리 센터에 대대로 내려오는 사례를 말씀드리겠습니다.
아하하하하 나 이런 신발~
고객님, 십만 원짜리 신발 샀다고 저한테 이딴 식으로 대해도 됩니까?!
강성 고객의 항의에 신규 상담원이 미숙한 대처를 하고 말았습니다.
돈이면 답니까? 그럼 제가 이백만 원 드릴 테니 제 발가락 빨아보시겠습니까?!?!
일들 합시다.
아시겠지만 우리 콜센터는 하청이잖아요.
화가 난 고객은 홈쇼핑, 즉 우리의 고객사에 항의글을 게시했습니다.
성가시군.
GIFT SET
결국 홈쇼핑 과장님이 직접 고객을 뵙고 사과를 드려야만 했죠.
바쁜 내가 직접 고객을 만나다니 이러면 총알받이...
도리
아니지, 콜센터에 하청을 준 의미가 없잖아.
도리

물론 이 고객은 우리 홈쇼핑이 가격 고지를 제대로 안 해서 화났다지만-
그런 거 상대하라고 콜센터에 돈 주는 거 아니겠어?
사장님, 이런 식이면 계약 연장 곤란합니다. 요즘 B사 콜센터랑 비교하면 긴장 좀 하셔야겠던데.
한 번만 더 기회 드립니다.
감사합니다, 감사합니다.
이번엔 고객사가 봐줬으니 이 내리 갈굼... 아니, 내리사랑에 보답하는 의미로다가 센터별 실적 관리 잘 좀 합시다.
우리는 이 사례에서 어떤 교훈을 남길 수 있을까요.
정답! 고래 싸움에 상담원 등만 터졌다?
완전 틀렸습니다.
답은 '고객사의 심기를 거스르지 말자'입니다.
재계약 시즌이 다가오고 있습니다.
탈출해야 해...

[노동orz 웹툰] '화출' '화착'
내 대장 사정을
보고 드립니다

에필로그

"전화기 너머 사람이 있습니다"

콜센터에는 늘 상담원이 부족했습니다. 첫 출근을 한 날부터 퇴사할 때까지, 구직 사이트에는 내가 일하고 있던 콜센터의 구인 공고가 매일 올라왔습니다. 콜센터 내부 회의실에서 면접을 치르는 구직자들을 매주 볼 수 있었습니다. 하지만 늘 사람이 모자랐습니다. 콜센터엔 매일 그만두는 사람이 있었고, 그래서 매일 '채용 중'이었습니다.

짧은 시간이었지만, 언니들이 왜 쉽게 일터를 떠날 수밖에 없는지 이해할 수 있었습니다. 콜센터에서 일하는 8시간 동안 마음 놓고 화장실에 갈 자유도, 폭언하는 고객에게 항의할 자유도 주어지지 않았습니다. '전화 받으라' 독촉하는 매니저, '이름을 스타카토로 발음하는지' 평가하는 큐에이 강사, '화장실 가는 것도 보고하라'는 팀장이 모두 목을 죄는 것 같았습니다.

시간이 갈수록 이것은 '을'과 '병'의 전쟁이란 생각이 들었습니다. 센터장과 팀장도 콜센터 업무를 위탁한 원청, 고객사 앞에서 철저히

'을'이었습니다. '최소 비용 최대 효과'를 위한 감시노동은 '을'의 생존 전략이었습니다. 싼값에 물품을 구매하려다 상담원에게 폭언을 퍼붓고 마는 고객들 역시 진정한 '왕'은 아니었을 것입니다. 그들은 고객사의 상술에 속은 분노를 '총알받이'들에게 퍼부었습니다. 그 어느 곳에도 원청의 모습은 보이지 않았습니다. '갑'이 사라진 무대, '을'과 '병'들의 전쟁에 승자는 없었습니다.

"콜센터 상담원은 누구나 시작할 수 있지만 아무나 할 순 없는 일입니다." 한 독자가 보내온 편지에는 이렇게 적혀 있었습니다. 전적으로 동의합니다. 다양한 고객들과 직접 접하고, 그들의 구체적인 요구에 응하는 일은 아무나 할 수 있는 일이 아니었습니다. 인공지능 '챗봇'(chatbot)과 에이아르에스(ARS) 등이 상담원을 대체하고 있지만, 여전히 급할 때는 '상담원과 바로 연결하기' 버튼을 누르기 때문입니다.

'저비용 고효율'의 논리가 지배하는 콜센터 업계에 온기가 깃들기를 소망합니다. 상담원을 간접고용하는 고객사, 콜센터를 운영하는 아웃소싱 업체 모두 '사람'을 고용하고 있다는 사실을, 그 무게를 알았으면 합니다. 고객 역시 '상담원도 누군가의 가족'이라는 점을 잊지 않았으면 합니다. 법과 제도가 만들어져도, 이를 제대로 작동하게 하는 것은 '전화기 너머 사람이 있다'는 인식일 것입니다.

3

법의 사각지대, 초단시간 노동자

황금비

'주 15시간 미만' 노동은 노동자의 권익을 보호하는
많은 법과 제도의 예외 사유입니다.
청년·여성·고령층 등 노동시장의 약자들은
'알바'라는 이름으로 법의 사각지대에
퍼즐 조각처럼 배치되고 있습니다.

'노동orz' 세 번째 장면은 초단시간 노동입니다.

첫 번째
이야기
• • • • •

'쪼개기 노동', 1분 1초까지 탈탈 털렸다

#애슐리 '쨍그랑!' 손가락 사이를 통과한 접시는 눈 깜짝할 사이에 대리석 바닥으로 떨어졌다. 4시간 내내 쉼 없이 빈 접시를 나른 팔목엔 힘이 없었다. 누군가 먹다 남긴 명란마요소스가 유니폼을 타고 흘러 바닥에 뚝뚝 떨어졌다. '아, 짜증 나.' 한숨을 내쉬며 냅킨으로 바닥을 닦고 있는 내게 서너 살쯤 되어 보이는 여자아이가 걸어오기 시작했다. '가까이 오면 위험한데…'라고 생각하던 찰나, 테이블에 앉아 있던 할머니가 아이를 향해 소리쳤다. "안 돼, 가지 마~ 지지야 지지!" 손님들의 시선이 내게 쏠렸다. 아이를 바라보던 할머니와 눈이 마주쳤다. '내가 아니겠지. 내가 아니라 음식물 쓰레기를 보고 지지라고 했겠지.' 행주로 테이블을 닦으며 테이블 매트에 적힌 애꿎은 광고 문구만 바라봤다. "애슐리 카카오톡 친구 추가하고 생맥주 무료로 받

자!" 맥주 사진을 보니 목이 더 탔다.

#파리바게뜨 점심을 앞둔 오전 11시는 '전쟁을 준비하는 시간'이다. 파리바게뜨의 알바 노동자들은 곧 전쟁터가 될 매장 구석에서 군인이 총알을 비축하듯 일회용 컵에 컵홀더를 끼워 넣었다. 12시. 양복을 차려입은 직장인들이 점심시간의 필수품인 커피를 챙기기 위해 쏟아져 들어왔다. 쉴 틈 없이 에스프레소를 뽑은 뒤 찾아온 잠깐의 소강상태. "언니, 정신없죠? 틈틈이 뭐라도 챙겨 드세요." 매니저의 말에 한숨 돌리며 샌드위치를 베어 물자 또다시 한 무리의 직장인들이 매대 앞으로 다가왔다. "아이스 아메리카노 하나, 따뜻한 자몽티 하나, 아이스 카라멜마끼아또 하나, 자두 컵빙 하나요." 그때 깨달았다. 알바 노동자들에게 '진상 손님'보다 더 위험한 이들은, '여럿이서 각자 다른 메뉴를 주문하는' 손님들이라는 걸. 남은 샌드위치를 입 속에 욱여넣고 아이스컵을 꺼냈다. 만든 지 3일이 지나 이제 팔지 못하는 호밀샌드위치에서는 쿰쿰한 냄새가 났다.

#이디야커피 카페 매출은 날씨에 큰 영향을 받았다. 추적추적 비가 내리는 저녁은 화창한 날에 견줘 매출액이 절반 이하로 뚝 떨어졌다. 비 오는 날 알바 노동자들의 시간은 커피 매장에 울려 퍼지는 재즈 리듬보다 더디게 흘렀다. 매장에선 아무런

주문도 하지 않은 할아버지 한 분만 술에 취해 꾸벅꾸벅 졸았다. "우리 이제 마감 시작할까?" "오늘은 제가 설거지 할게요." 쓰레기통을 비우고, 커피 머신을 닦고, 모자란 재료를 냉장고에 채우다 보면 훌쩍 영업 종료 시간이 다가왔다. 비가 오든 해가 쨍쨍하든, 손님이 많든 적든, 매장의 하루를 정리하려면 최소 두 명이 필요했다. 마감 10분을 남기고, 졸고 있는 할아버지에게 다가갔다. "할아버지, 저희 문 닫아야 해서요. 이제 집에 돌아가세요." 할아버지는 초점 없는 눈으로 내 얼굴을 빤히 바라보다가 매장을 나섰다.

*

지난 4월 14일부터 3주간 나는 애슐리·파리바게뜨·이디야커피에서 각각 11시간, 15시간, 12시간씩 '초단시간 노동자'로 일했다. 초단시간 노동자란 1주일 소정근로시간이 15시간 미만인 노동자로, 15시간 이상 36시간 미만을 일하는 일반 단시간 노동자와 구분된다. 지난해 통계청이 발표한 '연간 고용 동향' 통계를 보면, 1시간 이상 17시간 미만 일하는 초단시간 노동 취업자는 2017년 136만 5000명으로 2016년(127만 3000명)에 견줘 7.3% 증가한 것으로 나타났다. 국가인권위원회가 2002년부터 2015년까지 '경제활동인구조사'를 분석한 자료를 보면, 초단시간 노동자의 연평균 증가율이 9.2%로 나타났다. 일반 단시간 노동자(7.6%)나 전일제 노동자(2.2%)보다 증가폭이 컸다. 초단시간 노동이 빠르게 변하고 있는 한국 노동시장의 한 축을 구성하는 셈이다.

하지만 초단시간 노동은 법과 제도 앞에서 '초단시간'만 도드라질 뿐, '노동'의 의미는 퇴색되어 초라하다. 주 15시간 미만 노동이 근로기준법이나 기간제법(기간제 및 단시간근로자 보호 등에 관한 법률) 등에서 예외 사유로 분류되는 탓이다. 초단시간 노동자들은 주휴수당이나 연차수당을 받지 못하고, 2년 넘게 일해도 정규직이 되지 못한다. 한국에서 가장 취약한 노동 집단, 청년·여성·노인층의 노동력은 이처럼 '노동인 듯 노동 아닌 노동 같은' 초단시간 노동으로 부유한다.

월화수목금 2시간씩 일하실 분

초단시간 일자리를 구하는 일은 어렵지 않았다. ① 구인·구직 사이트에 접속한다, ② 근무 요일을 고르는 '상세 검색' 칸에서 '주 2일' 또는 '주 3일'을 선택한다, ③ 근무시간 중 '오전' 또는 '저녁'을 선택한다. 검색 단추를 누르니 구인 공고 목록이 줄지어 나왔다.

구인 공고에는 '사장님'들의 의도가 적나라하게 드러났다. 서울 서대문구의 한 카페는 평일(주 5일) 오픈시간대(아침 7~9시, 주 10시간)에 일할 파트타이머를 구하고 있었다. '근로조건'에 명시된 조건들의 이유는 명확했다. "출근시간대 바리스타를 도와줄 보조 아르바이트생 구합니다." 정확한 업무 범위 등을 지정하지 않고 바쁜 시간대 인력이 필요한 모든 업무에 투입하겠다는 뜻이었다.

제시된 노동시간 역시 의도가 명확했다. 주 2일(월, 화) 근무할 파트타이머를 구한다는 한 음식점의 근무시간은 오후 4시 40분부터 자정(7시간 20분)까지였다. 주당 노동시간 14시간 40분. 15시간 미만 초단시간 노동이다. 15시간 이상이면 의무 사항이 되는 '주휴수당'과 '4대보험 가입'(산재보험 제외)은 20분 차이로 의무에 없는 일이 됐다.

나는 프랜차이즈 중에서 '시장경제의 대세'를 골랐다. 베이커리·커피전문점의 경우 전국 매장 수 기준으로 파리바게뜨와 이디야커피가 부동의 1위인데, 일부 직영점을 제외하면 대부분 점주가 운영하는 위탁 가맹점이었다. 위탁 가맹점에서는 점주가 직접 노동시간을 쪼개놓은 구인 공고를 내는 일이 많았다. 4월 11일 기준 구인·구직 사이트 '알바몬' 누리집에서 △서울 지역 △주 3일 △오전 파트타임(06~12시) 혹은 저녁 파트타임(18~24시) 조건으로 검색해보면, 초단시간 노동자를 구하는 이디야커피와 파리바게뜨 매장은 각각 40곳, 21곳에 달했다.

이랜드파크의 뷔페 브랜드인 '애슐리'는 2016년 고용노동부 특별근로감독 결과 아르바이트 노동자 4만 4360명의 임금 83억여 원을 체불한 것으로 드러나 논란이 된 바 있다. 연차수당·야간수당 등을 지급하지 않거나, 노동시간을 15분마다 기록해 1~14분에 해당하는 초과 노동의 수당을 미지급하는 이른바 '꺾기' 방식으로 체불한 임금의 총액이다. 비판이 제기되자 애슐리는 미지급된 수당을 지급하고, 아르바이트 노동자의 근무환경을 개선하겠다고 밝혔다. 1년 6개월 남짓 지난 애슐리의 노동환경이 '어떻게 개선됐는지' 궁금했다. "애슐리 홀서빙 헬입니다. 제발 하지 마세요." "최저임금 주면서 일 겁나 시킴. 시간 낭비하고 싶은 사람한테 추천." 구인·구직 누리집에 올라온 애슐리 알바 후기를 애써 모른 척하며 공고에 나온 번호로 구직 문자를 보냈다. "애슐리 홀근무 지원합니다/황금비/여/28/주말 디너." 3시간 만에 답문자가 왔다. "오늘 오후 5시에 면접 가능하세요?" 구직에서 취직까지 속전속결이었다.

테트리스 블록 같은 알바의 스케줄

매장에서 만난 알바 노동자들은 대부분 20대 초·중반의 청년층이었다. 숙박·음식점업에 청년층 노동력이 집중되는 현상은 통계로도 나타난다. 국가인권위원회 자료(2016)를 보면 초단시간으로 일하는 청년층(15~34세) 가운데 숙박·음식점업 종사 비율이 40.3%로 가장 높았는데, 이는 2002년보다 24.9% 포인트 증가한 수치다. 청년층이 서빙 아르바이트 같은 초단시간 노동시장에 쉽게 진입할 수 있는 업종이 숙박·음식점업이고, 이런 경향이 2000년대 초반보다 더 강해지고 있다는 의미다.

초단시간 알바 노동자들의 스케줄은 매장의 필요에 따라 모양을 돌려가며 끼우는 '테트리스' 게임의 블록처럼 조절됐다. 초단시간 노동자는 업주가 필요한 시간엔 들어갔고, 필요 없는 시간엔 손쉽게 빠졌다. 이디야커피에서는 주3일(월, 화, 수) 저녁 7시부터 밤 11시(주 12시간)까지 일했는데, 같은 시간대에 함께 일했던 지환(26)이는 나보다 한 시간 이른 저녁 6시에 출근했다. 면접 때 매장 스케줄표를 보며 '6시부터 출근하면 되느냐'는 내 질문에 점주가 말했다. "6시부터 7시까지는 손님이 적어서 알바 한 명만 있어도 돼. 너는 마감 때 정리해야 하니까 7시부터 끝날 때까지 있으면 되고."

강남의 파리바게뜨 매장에서는 주 3일(월, 수, 금) 아침 8시부터 오후 1시(주 15시간)까지 오픈조에서 일했다. 면접 때 물었다. "혹시 화목은 알바 안 구하시나요?" 매니저가 말했다. "화목은 같은 시간대에 일하는 알바가 따로 있어요. 이번에 월수금 알바생이 그만두게 되어서 새로 뽑는 거예요. 매장 손님들이 주로 직장인이어서 출근 시간이랑 점심시간이 가장 바쁘거든요."

애슐리도 마찬가지였다. 홀서빙 알바의 1주일 근무표에는 그날의 단체 예약 상황이 함께 적혔다. '4/21, 12시, 80, 초등 단체', '4/28, 12시, 88, 초등 단체.' 매장 상황에 따라 근무표도 조절됐다. 4월 16일 오후, 근무하는 날이 아닌데 매장 매니저는 내게 전화해 "혹시 다

음 주 토요일 근무를 목요일로 바꿀 수 있느냐"고 물었다. 함께 홀서빙을 했던 재영(20)이가 말했다. "저도 제 스케줄을 잘 몰라요. 매장 상황에 따라 그날그날 스케줄이 바뀌니까…."

'짧은 시간' 고용된 알바들의 업무 교육은 자연스럽게 생략됐다. '바닥에 있는 물기 때문에 미끄러울 수 있으니 넘어지지 말고, 무거운 것 들면서 다치지 말라'는 애슐리 점장의 안전교육은 5분 만에 끝났다. "원래 새로 사람을 뽑으면 안전교육 8시간을 해야 하는데 서로 피곤하잖아. 그냥 제가 간략하게 설명해 드릴게요." 점장의 설명이 끝나고 8시간 안전교육을 받았다는 확인서와, 주말(토, 일) 오후 4시 30분부터 밤 10시까지 일하겠다는 근로계약서에 서명했다. "회사의 명예와 역사를 존중하며 품위 유지에 최선을 다하고", "근무 중

취득한 회사의 노하우와 각종 정보 및 회사 자료를 외부로 유출하지 않겠다"는 서약서에도 서명했다. '주 11시간 일하는데 무급으로 8시간 안전교육까지 받으라니….' 5분 만에 안전교육을 끝내준 점장이 고마웠다.

'우리는 행복한 파리지앵~'

애슐리 홀서버의 주된 업무는 '버싱'과 '프리버싱'이다. 버싱은 퇴점한 테이블의 식기류를 치우는 일, 프리버싱은 고객이 다 먹은 접시를 치우는 일을 의미한다. 지름 50cm 크기의 쟁반을 들고 매장을 돌아다니면서 버싱과 프리버싱을 한 뒤, 식기가 쌓이면 구역마다 있는 '스테이션'(포스 기계와 냅킨, 카트 등이 모여 있는 공간)으로 가져와 정리한다. 남은 음식물은 모아서 3단 카트의 맨 위층인 음식물 쓰레기통에 담고, 중간기물(수프 접시 등 작은 그릇)과 뷔페 접시를 분리해 중간층에 차곡차곡 쌓는다. 카트가 꽉 차면 '사이드'(주방 옆 식기를 세척하는 공간을 이르는 말)로 끌고 가 비운다. 카트를 한 번 비울 때마다 빈 접시는 70여 개, 중간기물과 컵은 각각 40여 개가 나왔다. 5시간 동안 평균 6~7번 카트를 비워야 한다. 입점한 손님을 테이블로 안내하고, 70여 개 가까운 테이블 숫자를 외워 손님이 퇴점할 때 무전으로 캐시어에게 알리는 일도 홀서버의 일이었다.

서빙에 더해 매장을 정리하는 업무도 마감조가 도맡았다. "샐러드바 이용은 9시까지입니다. 전산 마감도 9시까지여서 그 전에 결제 완료해주시면 감사하겠습니다." 저녁 8시 30분부터 각 테이블을 돌며 마감 안내 멘트를 시작했다. 손님들이 빨리 퇴점할수록 알바들의 퇴근시간도 앞당겨진다. 마지막 손님이 나가면 미처 치우지 못한 테이블을 정리하고, 음식물이 튄 스테이션을 걸레로 구석구석 닦았다. '카퐁'(각 구역에 있던 카트를 세제(퐁퐁)로 세척한다는 뜻의 줄임말)을 하고, 그날 사용한 행주를 빨아 건조대에 널고, 야간 청소를 위해 200여 개 의자를 테이블 위에 올려야 마감이 끝났다.

월화수 마감시간대에 일했던 이디야커피도 비슷했다. 본사에서 내려온 매뉴얼대로 음료와 빵을 만들고 나면, 밤 9시 30분부터 11시까지 마감 청소를 했다. 그날 사용한 커피 머신과 집기류를 닦아 말리고 매장 청소를 하는 일이 주된 업무였다. 마감시간까지 매장에 있는 손님이 많을수록 퇴근시간은 늦어졌다.

마감조가 매장의 하루를 마무리했다면, 오픈조는 매장의 하루를 준비했다. 내가 일한 파리바게뜨는 강남 한복판에 있었다. 아침 8시에 출근해 '우리는 행복한 파리지앵~', 매장 배경음악 사이사이 안내 멘트를 들으며 약 2시간 동안 샌드위치와 빵, 커피를 찾는 출근시간대 직장인 손님들을 맞았다. 출근 손님이 잦아들면 본격적인 빵 포장과 크림 작업이 시작됐다. 제빵기사가 2층 주방에서 구운 빵을 승강기에 태워 1층 매장에 내려보내면 이를 식혀서 진열하고 포장하는 게 알바의 주된 업무다. 오전에만 일하는 내겐 첫날부터 '크림 작업'을 맡으라는 지시가 내려왔다. 베이글을 반으로 갈라 크림치즈를 짜고, 소보루빵에는 칼집을 내 생크림을 넣었다. 슈크림에도 구멍을 뚫어 생크림을 짰다. '원래 크림 작업을 제빵기사가 아니라 알바들이 하느냐'는 질문에 매니저가 말했다. "바쁜 매장에서는 알바생이 하기도 해요. 큰 매장이면 (제빵)기사님을 두 명 고용하겠지만…."

'어벤저스'가 되고 싶었다

일한 지 채 1주일도 안 된 알바의 손은 제빵기사의 손보다 더딜 수밖에 없었다. 바질 소스 분량은 베이글마다 차이가 났고, 슈크림은 빵이 찢어지기 일쑤였다. 크림을 짜면서도 '내가 만들었지만 안 사 먹고 싶은데…'라는 '현타'(현실 자각 타임)가 찾아왔다.

초단시간 노동자의 노동은 언제나 '매장에서 가장 바쁜 시간'과 겹쳤다. 일을 하면 할수록 '왜 나를 이 시간대에 뽑았는지' 더 명확해졌다. 오전에 그날 판매할 빵을 모두 준비하는 파리바게뜨 매장은 오전시간대 노동자가 5명(제빵기사 1명, 샌드위치기사 1명, 매니저 1명, 알바생 2명)으로 가장 많았다. 제각각인 애슐리의 알바생 주말 근무표를 정리해 시간대별 홀서빙 알바 노동자의 인원을 평균 내보니, 점심시간대(오후 1~4시) 평균 6.5명, 저녁시간대(저녁 5~8시) 평균 5.9명이었다. 샐러드바에 음식과 식기를 보충하는 업무를 주로 하는 '트레이너'나 '메이트리더'를 제외하면, 가장 바쁜 점심·저녁 시간대에도 교육생이나 메이트 2~3명만이 200여 석에 이르는 매장의 홀 정리를 도맡는 셈이었다.

매장에서 '남는 일'은 낙수효과처럼 알바 노동자들에게 내리꽂혔다. 베이글 위에 크림을 짜다가도 커피 주문이 들어오면 커피를 내려야 했고, 빵 포장을 하다가도 2층으로 올라가 쓰레기를 정리해야 했다. 함께 일했던 미래(26)가 말했다. "언니 오기 전에는 모카크림빵이랑 후레쉬슈크림빵 크림까지 알바생이 짰었어요. 그런데 신메뉴가 들어와서 그런가, 그거 두 개는 기사님이 해주시기로 했다고 하더라고요. 그때는 손 없고 바쁘면 오히려 제가 기사님한테 부탁했었어요. '너무 바빠서 그런데 빵에 크림 좀 짜주시면 안 되냐고….'"

무전기를 통한 '감시 노동'은 애슐리의 살인적인 노동강도를 유지하는 일등공신이었다. '손님 안내 → 프리버싱 → 버싱 → 음료 제공 → 스테이크 서빙 → 다시 손님 안내'의 무한 반복에 정신을 차리지 못하다가도, 무전기를 타고 넘어오는 지시 사항에 빠르게 신경이 곤두섰다. "금비 씨, 블루룸에 예약석 있으니까 아직 못 치운 테이블 버싱 좀 빨리 해주세요." "금비 씨, 4번 테이블 맥주 두 잔만 서빙해주세요." "금비 씨, 지금 사이드예요? 거기서 뭐 하세요?" 매니저는 '무전기 덕분에 조금이라도 덜 힘들게 일할 수 있다'고 했지만, 그 문장은 '지시하는 사람'이라는 주어가 들어가야 완성되는 문장이었다. 알바들에게 무전기는 '이렇게 소수 인력으로도 매장 운영이 가능하구나' 탄식하게 하는 '요물'이었다. "저 에이드 주문받으러 갑니다." "저 잠깐 물 좀 마실게요." "저 잠깐 화장실 좀 다녀올게요." 알바 노동자들은 일거수일투족을 무전을 통해 보고했다.

애슐리에서 일했던 주말마다 발바닥과 종아리에 파스를 붙였다. 5시간 동안 평균 걸음 수를 재봤더니 1만 5000~1만 6000보가 나왔다. 1분에 평균 50~53보를 걷는 수치다. 발바닥의 고통을 잊기 위해 최대한 딴생각을 했다. 영화 〈어벤져스-인피니티 워〉가 개봉하고 첫 휴일이었던 4월 29일 저녁, 같이 홀서빙을 하는 재영이가 샐러드바 청소를 하는 바람에 홀 정리는 모두 내 몫이었다. 3kg에 달하는 원목 의자 200여 개를 테이블 위에 올리며 생각했다.

'의자가 묠니르(토르의 망치)였으면 좋겠다. 원목 의자도 묠니르처럼 내 손에 딱 붙어서 올라가면 좋을 텐데…. 어벤저스가 되고 싶다. 내가 스파이더맨이라면 접시 치울 때 테이블마다 걸어다니지 않아도 되겠지. 거미줄 쏴서 치우면 되잖아? 아이언맨은 접시를 어떻게 치울까? 아, 아이언맨은 아르바이트 안 해도 되겠구나. 부자니까….'

맥락 없는 잡생각이 꼬리에 꼬리를 물다 보면 퇴근시간이 다가왔다. 바닥 걸레질하는 나를 보며 애슐리 점장이 말했다. "그래도 요즘은 손님이 많이 없는 편이라서, 일 배우고 적응하긴 괜찮을 거야."

내 초단시간 노동 일정

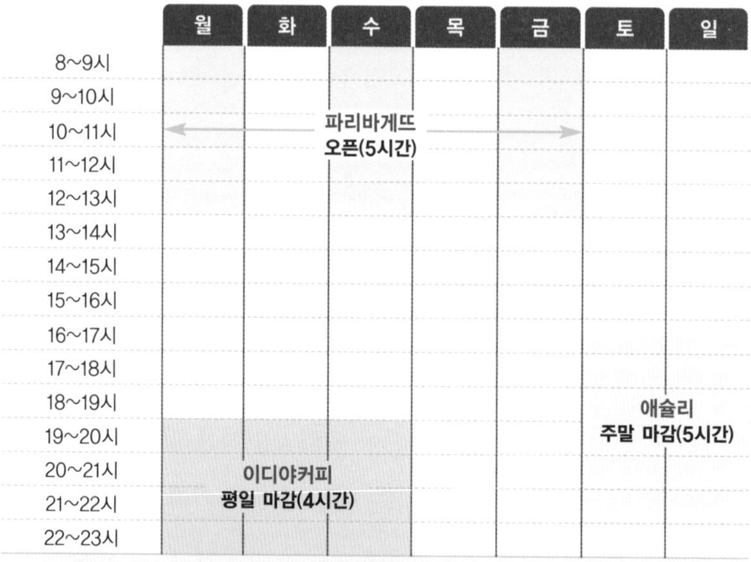

총 근무시간 38시간

파리바게뜨 15시간+이디야커피 12시간+애슐리 11시간

초단시간 노동자로 일해서 받은 임금

이디야커피 EDIYA COFFEE — 총합 **24만 960원**(32시간)

지급일	내용	금액(근무시간)	시급
4월 29일	4월 급여	15만 600원(20시간)	7530원
5월 10일	5월 급여	9만 360원(12시간)	7530원

파리바게뜨 PARIS BAGUETTE — 총합 **31만 5400원**(45시간)

지급일	내용	금액(근무시간)	시급
5월 5일	4월 급여	23만 9400원(35시간)	6830원
6월 5일	5월 급여	7만 6000원(10시간)	7600원

애슐리 ASHLEY — 총합 **25만 2498원**(30시간)

지급일	내용	금액(근무시간)	시급
4월 25일	4월 급여	7만 7248원(10시간)	7724원
5월 25일	5월 급여	17만 5250원(20시간)	8762원

* 초과수당 포함

이상한 나라의 휴게시간

"금비 씨, 30분 동안 밥차 쓰고 오세요." 무전기 이어폰 너머로 애슐리 트레이너의 목소리가 흘러나왔다. 포스(PoS)기에 찍힌 시간을 보니 4시 45분. 출근한 지 15분이 지나지 않은 시점이었다. 애슐리에서 '밥차'는 하루 30분 무급으로 주어지는 휴게시간을 뜻한다. 보통 이 시간에 식사를 해결해 그렇게 부른다. 알바 노동자들은 30분간 샐러드바에서 파는 음식을 한 접시 담아 휴게실에서 먹을 수 있다. 음식을 담을 때는 겉옷을 꺼내 입어 애슐리 유니폼을 가렸다.

"(밥차는) 쓰고 싶을 때 쓰셔도 되는데요. 저녁시간 늦어지면 음식이 거의 안 남아서요. 보통 빨리들 드시더라고요." 리더메이트는 '내가 쓰고 싶을 때 휴게시간을 쓸 수 있다'고 했지만, 사실 휴게시간을 정하는 것은 알바의 권한이 아니었다. 밥차 시간은 손님이 몰리기 직전인 오후 5~6시 매니저의 지시가 있어야 사용할 수 있었다. 전쟁 같은 근무 중에 겨우 30분 주어지는 휴식시간을 출근한 지 15분 만에 써야 하는 안타까운 상황은 그 뒤로도 반복됐다.

짧은 밥차 시간, 탁자와 침대, 소파 위에 근무복이 널려 있던 애슐리 휴게실에선 매번 퇴사 얘기가 꽃을 피웠다. 흰색 주방 유니폼을 입은 알바 노동자 두 명이 소파에 기대앉아 서로 말했다. "나 퇴사할 거야." "퇴사하면 뭐 하게…. 난 하고 싶어도 못해. 카드값 때문에." "카드값이 왜?" "나 컴퓨터 샀잖아. 그것 때문에 카드값 빵꾸났어." "난 퇴사하면 한 달은 자유롭게 살다가 다시 알바 구해야지. 근데 여기는 진짜 너무 힘들어서 못 하겠다."

샐러드와 과일푸딩 몇 조각을 접시에 담아 휴게실에 들어서니 주방 직원 한 명이 얼음팩을 들고 침대에 걸터앉아 있었다. "다치셨어요?" "아 네. 파스타 만들다가 데어서요." 매니저의 허락을 받아 잠깐 얼음찜질을 한 직원은 10분 남짓 손을 주무르다 '식사 맛있게 하세요'라는 말을 남기곤 다시 주방으로 향했다. 테이블에 홀로 앉아 과일푸딩을 포크로 집어 들었다. 손에서 방금 전까지 치우던 음식물 쓰레기 냄새가 풍겼다.

파리바게뜨와 이디야커피는 휴게시간이 따로 없었다. 아침 6시 30분에 출근해 매장을 오픈하는 파리바게뜨 매니저는 출근 손님을 맞은 뒤 잠깐 한가해지는 오전 10시 전후로 30분 동안 직원 휴게실에서 쉬거나, 밖으로 나가 식사를 해결한 뒤 돌아왔다. 매니저와 비슷한 시각에 출근하는 샌드위치기사는 매대 구석에 있는 샌드위치 작업 공간에서 오전 내내 그날 판매할 샌드위치와 샐러드를 만들었다. 매장에서 하루에 팔리는 샌드위치는 100여 개에 달했다.

'열악한 매장 상황'은 휴식을 포기하게 만드는 가장 큰 이유였다. 파리바게뜨 2층 카페 구석에는 6평 남짓한 직원 휴게실이 있었는데, 절반 이상을 대형 식재료 냉장고 세 대가 차지했다. 문 옆에는 철제 의자 한 개만 덩그러니 놓여 있었다. 탈의실도 비좁았다. 사복을 넣어둘 개인 사물함은 기사와 매니저가 사용했고, 알바 노동자들의 유니폼은 흰색 빵봉투에 넣어 보관했다. 퇴근한 뒤 탈의실에서 유니폼을 갈아입던 미래가 웃으며 말했다. "언니, 봉지에 옷 잘 넣어 두세요. 문 앞에 도넛 튀기는 기계가 있어서 일하고 오면 기름 냄새가 장난 아네요. 알바 끝나고 친구 만났는데, 친구가 '너 치킨 튀기다가 왔냐'고 하더라고요." 봉투에 담겨 있던 겉옷에 코를 박고 킁킁댔다. 진짜로 잘 튀긴 치킨 냄새가 났다.

이디야커피에서는 2평 남짓한 탈의실에서 홑겹 커튼을 치고 유니폼을 갈아입었다. 그마저도 재활용컵과 부자재들이 공간을 차지해 앉을 공간은 없었다. 4시간 내내 서 있던 내가 앉을 수 있는 유일한 시간은 매장 의자에 걸터앉아 걸레질하는 5분 남짓이었다. 4시간 이상 일하면 30분, 8시간 이상 일하면 1시간씩 휴게시간을 제공해야 한다는 근로기준법(제54조)은 이곳 매장들에선 실효성이 없었다.

시간 선택? 결정은 결국 사장님이!

"언니, 우리는 바쁜 시간대에 매장 일을 돕는 서브라고 생각하면 돼요. 바쁠 때 돕는 인력. 빵 포장해야 할 땐 포장하고, 커피 만들어야 할 땐 커피 만들고, 진열할 땐 진열하고. 일하는 시간이 짧으니까 바쁜 일이 생기면 그냥 그걸 하면 돼요." 파리바게뜨 출근 첫날, 같은 시간대에 일했던 미래가 크림 작업을 하며 내게 했던 말이다. '서브

인력'인 초단시간 노동의 속성을 꿰뚫고 있었다. "그냥 백수처럼 있는 것보다, 차라리 아침 일찍 일어나서 짧게 일하는 게 나은 것 같기도 하고…." 취업 준비로 대학 졸업을 한 학기 미뤘다는 미래는 결국 '취업 준비와 병행하기 힘들다'며 4개월 만에 아르바이트를 그만뒀다.

'구인 공고도 많고, 구직자도 많잖아?' 알바몬을 검색하며 일자리를 알아볼 때만 하더라도 초단시간 노동은 업주와 구직자의 자유로운 선택이 맞물린 결과라고 생각했다. 그러나 '시간을 넣고 빼는' 테트리스 게임의 방향타를 조종하는 이는 결국 사장님이었다. '레벨1' 말단에 자리 잡은 나는 '주휴수당', '4대보험' 등 기본적인 아이템도 장착하지 못한 채 수없이 밀려드는 고객을 응대하는 '엔피시'(NPC, non-player character)에 불과했다. 실제 가장 바쁜 시간대를 '보조'하는 알바들의 노동력은 사장님의 의도에 따라 매장이 '한가한 시간대'엔 가차 없이 철수해야 했다.

이디야커피 매장은 오픈(아침 7시~낮 12시)·미들(낮 12시~저녁 6시)·마감(저녁 6시~밤 11시) 시간대마다 알바 노동자가 두 명씩 일했는데, 오픈조 한 명은 아침 7시부터 오전 10시까지 3시간, 미들조 한 명은 낮 12시부터 오후 4시까지 4시간, 마감조 한 명(나)은 저녁 7시부터 밤 11시까지 4시간만 일했다. 마감시간대에 나와 함께 일했던 지환이가 말했다. "아침 오픈할 땐 본사에서 오는 재료 받아서 정리하는 일이 있어서 꼭 두 명이 필요하대요. 마감도 두 명이 있어야 할 수 있거든요. 점심시간대가 가장 바쁜데, 오후엔 덜 바빠지니까 그때부턴 알바생 한 명만 쓰는 거죠."

이디야커피 매장의 시간대별 매출액도 지환의 말을 뒷받침했다. 이디야에서 일했던 시기 시간대별 평균 매출액을 보면, 점심시간대인 낮 12시부터 오후 3시까지의 시간당 평균 매출은 9만 8300원인 반면 오후 3시부터 저녁 7시까지 매출은 4만 4500원으로 줄었다. 해당 시간엔 알바 노동자 한 명이 일했다. '매장이 돌아갈 만큼의 최소 인력을 쓴다', '이 최소 인력도 주 15시간 미만 초단시간 노동으로 구성한다'는 두 가지 룰이 지배하는 이 게임의 목표는 이윤의 극대화였다.

퇴근길 버스정류장으로 향하는 내 귓가엔 점주들에게 들은 말들이 어지럽게 뒤엉켰다. "잠깐 한가해져도 내가 뭘 해야 할지 생각해야 해. 빵 포장을 하든, 청소하든, 진열하든!"(파리바게뜨 점주) "너무 어린 애들은 책임감이 없어 금방 그만두더라고. 나이가 좀 있는 사람이 일을 오래 하고 책임감이 있어."(이디야커피 점주) "홀서빙은 어떻게 보면 스리디(3D) 업종이에요. 남이 먹은 것 치워야 하고 계속 서 있어야 하고…. 그래도 근무시간을 자유롭게 조절할 수 있다는 메리트가 있어서 직원들이 열심히 일하거든요."(애슐리 점장) 어느덧 사장님들은 테트리스 조각들에게 '책임감'과 '자기만족'까지 요구하고 있었다.

점주들의 말을 곱씹다 보면, 곧 함께 일했던 동료들의 말이 치고 들어왔다.

"아침 일찍 정신없이 일하고 집에 가면 그냥 멍해요. 멍한 상태로 취업 사이트 뒤져보고, 자소서 쓰고 하는 거죠."(파리바게뜨 동료) "대학 마지막 학기인데 당장 생활비는 필요하니까 알바를 안 할 수는 없어요. 어제도 학교 가는 버스 안에서 과제 제출했는데…. 이 정도면 엄청 열심히 사는 거 아닌가?"(이디야커피 동료) "제 근무 스케줄은 매일 달라요. 일한 지 얼마 안 됐고, 당장 학교도 안 다니고 있어서 매장 바쁜 시간마다 출근해서 일하고 있거든요."(애슐리 동료)

이 일, 이 시간은 누구를 위한 걸까. 나와 동료들은 노동이 아니라 시간을 조각내 팔았던 건 아닐까.

'아르바이트생'과 '알바 노동자'

'아르바이트생'이라는 표현은 '용돈을 벌기 위해 임시로 아르바이트하는 학생'이라는 의미가 짙다. 전 연령층에서 생계유지를 위해 아르바이트를 구하는 사람이 늘고 있고, 아르바이트 역시 다른 직업과 마찬가지로 근로기준법 적용을 받는 노동자라는 점을 강조해야 한다는 지적에 따라 글에는 모두 '알바 노동자'라는 표현을 썼다. 구인 공고나 대화 등에 쓰인 '아르바이트생', '알바생', '알바'라는 표현은 부득이 그대로 사용했다.

두 번째
이야기

불법·탈법이 판치는, 생업이 된 알바

정민(22) 씨가 2014년 10월에 받은 인생 첫 월급은 150만 원이었다. 통장에는 공제액을 제외하고 132만 원이 '꽂혔다'. 당시 최저임금(시급 5210원)에 주휴수당을 더한 수준보다 조금 높았다. '초봉이니까, 고졸이니까…'라고 생각했다. 하지만 소규모 건설회사 경리의 임금은 더디게 올랐다. '정민 씨를 괜찮게 봤던' 사장님은 매년 임금협상 때마다 월 20만 원씩 급여를 올려줬지만, 2년이 지나도 급여명세서에 찍히는 돈은 170만 원 언저리였다. 매달 80만 원씩 적금을 부었지만, '언제 돈 모으지'라는 불안감은 사라지지 않았다.

회사에 취직하면 그만두려던 분식집 주말 알바를 열 달이 넘도록 계속했다. 금요일 저녁 6시에 퇴근해, 다음 날인 토요일 오전엔 분식집으로 출근했다. 점심시간에 맞춰 떡볶이 떡을 떼고, 꼬치에 어묵을 꽂고, 홀서빙과 설거지를 했다. 주말 이틀간 12시간을 일해 한 달 26만 7840원(2015년 최저임금 5580원)의 가욋돈을 벌었다. 고스란히 적금에 더해 월 100만 원을 모았다.

'하루도 못 쉬는 게 너무 힘들어서' 분식집을 그만뒀지만, 이듬해 3월부터 커피전문점·음식점 주말 아르바이트를 다시 시작했다. 금요일 퇴근해 저녁 7시까지 이디야커피로 출근해 4시간 동안 마감조로 일했다. 토요일 미들조(오전 11시~오후 3시) 근무가 끝나면 오후 6시부터 밤 12시까지 음식점 서빙 알바를 했다. 음식점 사장님은 '저녁 서빙이 힘들다'며 최저임금(2016년 6030원)보다 470원 많은 6500원을 챙겨줬다. 일요일 새벽 1시쯤 집에 돌아오면 녹초가 되었다. '주말 투잡'을 뛰면서 번 돈은 한 달에 34만 8960원. "힘들진 않았어?" 곰곰이 생각하던 정민 씨가 말했다. "언니, 나 그래도 그렇게 일해서 2년 동안 2천만 원 모았어요."

내가 일할 수 있는 '그런 곳들'

정민 씨는 특성화고등학교 출신이다. '국영수 대신 실무 수업을 집중적으로 들을 수 있고', '바로 취직을 해도 되지만 전공을 살려 대학을 갈 수도 있다'는 중학교 담임선생님의 말에 특성화고 진학을 결심했다. 입학한 뒤에는 복지경영을 공부해 요양보호사 자격증까지 땄다. 사회복지사가 되고 싶었다.

2014년 3월, 고3이 되자 눈치 빠른 친구들은 하나둘 취업 준비를 했다. 선생님들은 취업특별반 교실을 따로 만들어 학생들의 자기소개서를 봐줬다. 친구들이 취직해 하나둘 교실을 떠나자 정민 씨도 초조해졌다. 학교 게시판에 붙은 취업 공고를 둘러보다 '집에서 거리가 가깝고', '앞으로 스펙에도 도움이 될 것 같아' 건설회사 경리직에 지원해 합격했다.

"첫 월급 받았을 때? 그때 들었던 생각은 '다들 이렇게 받고 다니는구나. 돈도 받고 점심도 공짜로 먹으니까 좋다' 그 정도였어요. 그런데 같은 업무를 하는 후임은 첫 월급으로 세전 190만 원을 받았다고 하더라고요. 그때 현실을 직시했죠. '고졸이어서 적게 받는구나. 후임은 전문대라도 졸업해서 그만큼 받는 거구나.' 대학 졸업장이 왜 필요한지 깨달은 거죠."

정민 씨는 2년 2개월 일했던 회사를 그만두고 2017년 2월 경기도의 한 전문대 회계학과에 입학했다. 건설회사 퇴직금으로 받았던 280만 원으로 입학금을 냈다. 다시 아르바이트를 구했지만, 학교까지 지하철로 왕복 4시간이 걸리는 탓에 근무시간이 긴 일자리를 구하는 건 불가능했다. '알바몬'을 뒤지다 이디야커피 구인 공고를 봤다. '월수금 저녁 7~밤 11시 마감조 구합니다.' 지체 없이 지원해 지난 4월까지 9개월을 일했다. "하루 4시간 통학을 해서 월화수목금 다 일했으면 너무 힘들었을 것 같아요. 3일만 해서 다행이라고 해야 하나…."

일과 학업을 병행하는 청년들에게 주 15시간 미만의 초단시간 일자리는 '할 수 있는 일'과 '해야 하는 일'의 경계에 있다. 일을 길게 못 하는 사정과 당장 돈이 필요한 상황에서 빠르게 구할 수 있는 일자리는 대체로 초단시간 일자리였다. 국가인권위원회가 펴낸 '초단시간 근로자 인권 상황 실태조사'(2016) 보고서를 보면, 대학생·청년 아르바이트 노동자가 초단시간 노동을 선택한 이유는 ① 당장 수입 필요(34.5%·32.4%) ② 근로조건 만족(30.4%·29.2%) ③ 학업·취업 준비 등과 병행하기 위해(15.5%·13.9%) 차례였다. 급한 대로 자신의 시간을 돈으로 맞바꾸는 계약인 셈이다.

영진(20) 씨는 지난 2월부터 서울의 한 백화점에서 의류 판매 아르바이트를 시작했다. 화요일 오후 5시부터 10시까지, 목·금요일 오후 12시부터 5시까지 1주일에 15시간 일한다. 영진 씨는 "근무시간 선택이 '자의 반 타의 반'이었다"고 기억했다. 공고에는 월·화/목·금 오픈/마감 시간대를 나눠 5시간씩 일할 근무자를 구한다고 돼 있었는데, 면접 때 점장은 영진 씨가 휴학생이라는 것을 알고 '화요일 마감시간에도 일하지 않겠느냐'고 권유했다. "처음 알바 공고를 봤을 때는 '딱 이 시간에만 알바생이 비나 보다' 하고 생각했는데, 그냥 시간을 쪼개서 알바생을 구하는 거더라고요." 일하는 시간이 15시간으로 늘었지만 점장은 영진에게 이렇게 말했다고 한다. "요즘 최저시급까지 올라서 주휴수당은 못 챙겨줘. 장사가 잘 안 돼서 더 챙겨주기 어려워." 영진이가 주휴수당을 고집했다면, 점장은 다른 화요일 알바생을 구했을 터였다. 근로기준법상 주 15시간 노동은 주휴수당과 4대보험 적용을 받지만, 영진 씨는 석 달째 근로계약서도 쓰지 않고 보험도 없이, 그저 최저임금만 받고 있다.

권리는 없어도 일은 빡세게

강남의 파리바게뜨 매장에서 함께 '서브'로 일했던 미래(26) 씨도 주휴수당과 보험이 없다. 월수금 오전 8시부터 오후 1시까지 주 15시간 일했던 미래 씨는 근로계약서를 쓰던 당시를 이렇게 기억했다. "사장님이 그러더라고요. '4대보험 가입하면 임금의 10% 정도가 세금으로 나간다. 받은 돈이 얼마 되지 않는데 세금까지 떼면 남는 게 없으니까 잘 생각해봐라'라고. 당연히 가입 안 하고 시급 다 받겠다고 했죠." '짧게 일하는 사정'은 보험 가입을 주저하게 되는 빌미가 됐다. "아무래도 제가 단시간 노동자니까, (사장님이) 그렇게 얘기하면 보험 가입을 안 하겠다고 할 수밖에 없는 것 같아요."

알바 노동자들의 '짧은 노동시간'은 매장의 '압축적인 노동강도'와 맞물려 있다. 경기도의 한 4년제 대학에 다니는 준호(25) 씨는 군에서 전역한 뒤 3개월간 애슐리에서 홀 서빙 아르바이트를 했다. "매장 규모가 120석이었는데, 가장 바쁜 시간대 서빙 인원이 겨우 세 명 정도였어요. 알바 스케줄이 매주 달랐죠. 단체 손님이 오거나, 누가 갑자기 알바를 그만두면 일하는 시간이 바뀌는 거죠." 유동적인 '알바'의 스케줄은 대부분 바쁜 시간대에 몰렸다. "대부분 알바를 하루 4시간 정도로 짧게 일을 시켰어요. 매장에서는 한가한 시간에 알바생이 있는 게 손해라고 생각하니까."

인권위 보고서(2016)는 "단시간 근로가 업무의 특성에 따른 것이라기보다, 주휴수당 미지급 등을 위해 정규직 일자리를 작은 단위로 쪼개 사용하는 현상"이라고 설명한다.

준호 씨는 애슐리에서 전형적인 '임금 꺾기'도 당했다. 매장은 근무시간을 20분마다 나눠 등록했다. 맨 마지막 1~19분 초과 노동에 대한 임금은 지급되지 않았다. "심지어 점장이 알바들한테 출퇴근 시스템에 퇴근 지문을 찍게 한 뒤에 '남은 일이 있으니까 조금만 더 하고 가라'고 시키기도 했어요. 그런데 어떻게 문제를 제기해야 하는지 잘 몰랐어요."

노동부 감사로 애슐리의 임금 꺾기가 문제가 되자, 알바를 그만둔 다음 달 준호 씨의 통장에 체납 임금이 입금됐다. 3개월 동안 받지 못한 돈은 19만 원이었다. 임금 꺾기 경험 탓에 준호 씨에게 애슐리 알바는 '안 좋은 기억'이다. 그러나 단시간 노동을 그만두지 못했다. 지금은 대학 기숙사 식당에서 월·금 각각 3시간 30분 동안 그릇 정리 아르바이트를 한다. 한 달에 10만 원 정도 번다. "취업 준비생이라 길게 일할 수 없어요. 시간을 쪼개 기숙사비라도 벌려고요."

짧은 노동을 생업처럼 했다

경기도에서 프리랜서 극작가로 일하는 동화(28) 씨에게 단시간 노동은 어느새 생업이 된 지 오래다. 첫 아르바이트는 수능이 끝난 2009년 겨울방학 때 했던 공장 일이었다. 설날 선물세트를 포장했는데, 이틀을 일하고 하루치 임금(4만 5000원)밖에 받지 못했다. 2010년에는 뚜레쥬르에서 5개월간 알바로 일했다. 뚜레쥬르 사장님은 "알바 처음이지? 내가 널 써주는 거니까 그 정도만 받고 일하자"라며 동화 씨에게 당시 최저임금(4110원)보다 낮은 3800원을 시급으로 줬다. 2012년에는 서울 강남의 액세서리 매장에서 일했다. 회사에서는 동화 씨가 지문 시스템에 지문을 제대로 찍지 않았다며 마지막 월급(약 70만 원) 중 40만 원만 줬다. 동화 씨가 그때를 떠올리며 말했다. "노동부에 신고하겠다고 난리를 치니까 한 달 뒤에 나머지 돈을 주더라고요."

우여곡절 가득한 '알바 인생'을 보냈던 동화 씨가 꼽은 단시간 노동의 하이라이트는 2016년 5월부터 2017년 1월까지 일했던 백화점 청바지 매장 일이었다. "일주일에 하루 정도는 점장과 매니저 둘 다 쉬어야 하는 날이 있잖아요. 그때 제가 빈자리를 채워서 '대체휴무 아르바이트'라고 불렀어요. 점장과 매니저의 대체휴무 날에만 일하는 아르바이트." 동화 씨는 일주일에 평균 1~2일 일했고, 청바지 '원 플러스 원'(1+1) 행사나 '브랜드 데이' 행사가 있으면 일주일 내내 일했다. 백화점 내 다른 매장에서 일손이 필요하면 그 매장으로 가 일을 도와주고 일당을 받았다. "사실 매장에 추가 인력이 필요한 거였는데, 쉬는 날 메꿔줄 인력을 뽑아 추가 인력처럼 썼던 거죠."

'수입이 일정치 않은' 연극 일이 주업인 동화 씨에게 단시간 아르바이트는 어쩔 수 없는 선택지였다. "단원들과 연습을 해야 하는데 일정이 불규칙해요. 짧게 일하면 아무래도 눈치를 덜 보고 시간을 조절할 수 있으니까요."

서울의 한 전문대 호텔조리학과에 다니는 도경(20) 씨도 고등학생 때부터 시작한 주말 아르바이트를 생업처럼 한다. 고교 2학년이었던 2015년 11월 시작했던 웨딩홀 주방보조 아르바이트는 올해 3월까지 했고, 중간에 잠깐 그만뒀을 때에도 피자헛에서 석 달 정도 서빙 알바를 했다. 요리사로 진로를 정한 지금은 대학 수업시간을 피해 한 프랜차이즈 음식점에서 화·목 저녁(7~10시) 마감시간대에 주방보조로 국수를 삶고, 국수 위에 올리는 튀김을 만든다.

도경 씨는 피자헛에서 저녁 7~10시 주말 아르바이트를 할 때 근로계약서도 쓰지 않았다고 했다. '그런 걸 써야 하는지도' 몰랐다. "식사시간도 따로 없어요. (점주는) 싼 오븐스파게티 만들어서 알바생들에게 나눠주거나, 손님들이 먹다 남긴 피자를 먹으라며 줬어요." 가장 견디기 힘들었던 것은 매니저의 폭력이었다. 남자 매니저는 별다른 이유 없이 손바닥으로 도경의 등을 때리거나, 페트병으로 엉덩이를 때렸다. "사장님께 '매니저가 자꾸 때린다, 일 그만두고 싶다'고 하니, 사장님은 미안하다면서도 다른 사람 구할 때까지만 일해줄 수 없겠느냐고 하더라고요. 그때 정이 확 떨어졌죠. 폭력은 문제가 안 되는구나, 알바생만 바꾸면 되는 일이구나…."

인권위 보고서(2016)를 보면, 초단시간 노동자 1465명을 대상으로 한 설문조사에서 임금체불·신체접촉·언어폭력 등 부당한 처우를 가장 많이 겪는 업종은 판매업, 주유소, 편의점, 커피전문점, 음식업 등이었다. 대부분 '청년층 알바군'으로 포함되는 업종이다.

이 일은 징검다리가 될 수 있을까

미래 씨는 본격적인 취준생이 된 지난해 말부터 초단시간 일자리를 구했다가 그만두길 반복했다. 지난해 7월부터 11월까지는 서울 종로의 한 커피전문점에서 토·일 5시간씩 주 10시간을 미들조로 일했고, 파리바게뜨 아르바이트는 지난해 12월부터 올해 4월까지 5개월 동안 일했다. 여기저기 옮겨 다닌 건 취준생인 처지 탓이었다. "평일에는 취업 준비에 집중하려고 일부러 주말 카페 알바를 한 건데, 정작 기업 면접이 다 주말이라 시간 맞추기 힘들더라고요. 그래서 카페를 그만두고 평일 알바를 시작했는데, 다시 상반기 공채가 시작되니 취업 준비랑 알바를 병행하는 게 너무 어려웠어요."

당분간은 벌어둔 돈으로 생활비를 충당할 예정이라는 미래 씨는

초단시간 · 단시간 노동 타임라인

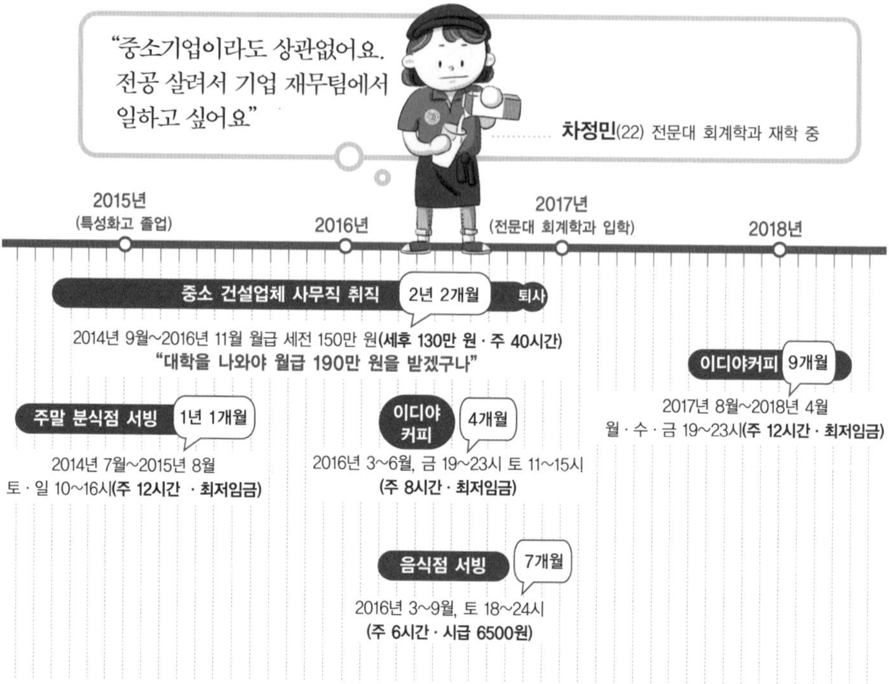

초단시간 노동자 연령 · 성별 월평균 임금

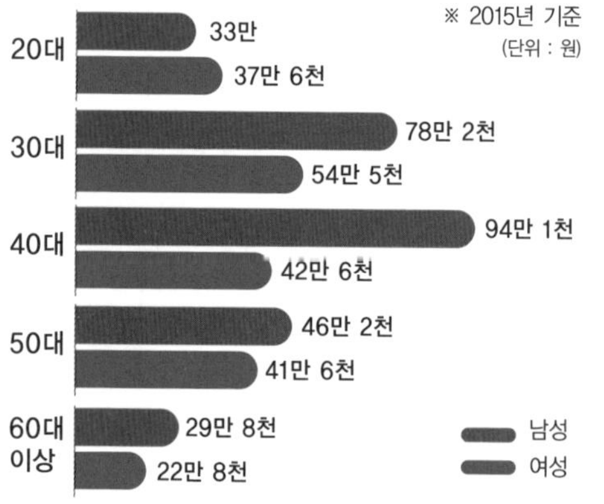

자료 : 국가인권위원회, 2016년 초단시간 근로자 인권실태조사

연도별 최저임금 변화 추이

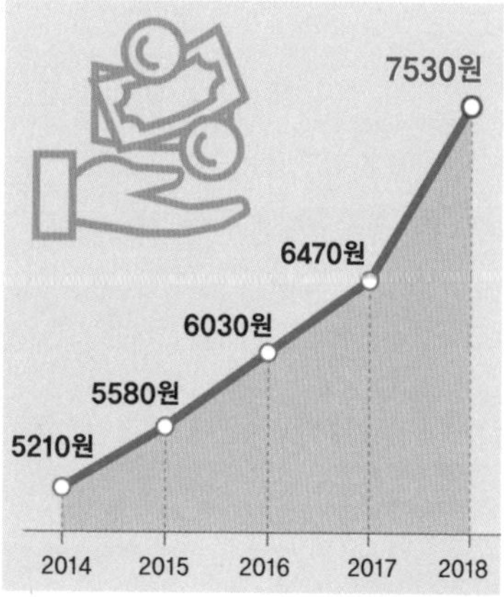

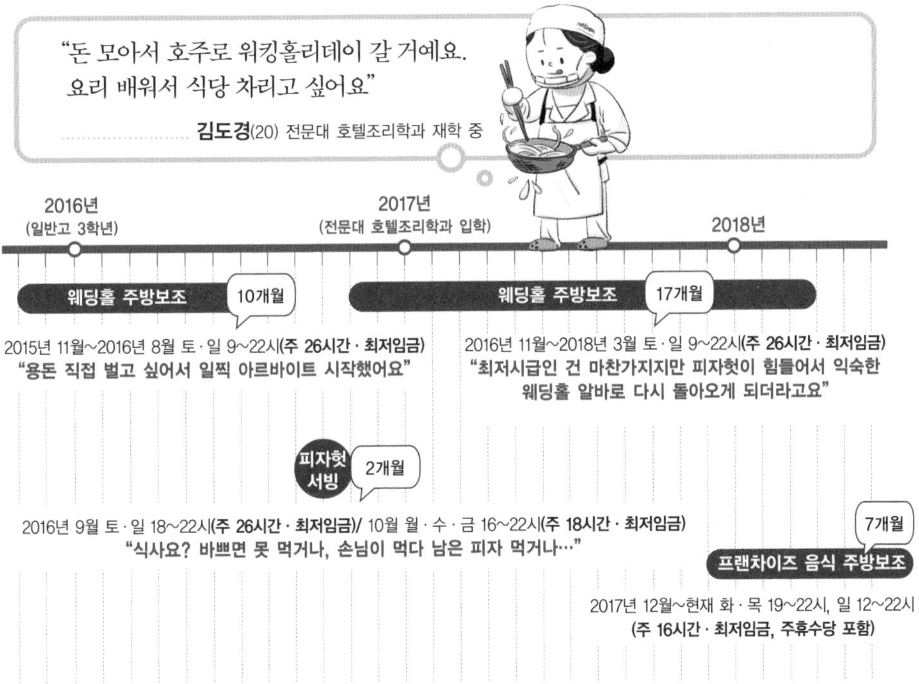

경영학 전공을 살려 기업에 취직하는 게 목표다. "파리바게뜨 알바요? 사회생활을 어느 정도 배운다는 느낌은 있는데…. 아마 그 시간에 진짜 제 경력에 도움이 되는 일을 할 수 있었다면 당연히 그걸 택했겠죠. 그런데 그게 쉽진 않잖아요."

전문대에서 요리를 공부하는 도경 씨에게 프랜차이즈 음식점의 주방보조는 '좋은 경험'이자, '어쩔 수 없이 하는 일'이다. "지금 일하는 곳은 한식·일식이 주 메뉴인데, 원래는 양식 조리사가 꿈이거든요. 내년 2월쯤 학교 졸업하면 오스트레일리아로 워킹홀리데이를 가려고요. 외국 식당에서 일하면서 양식 요리도 배우고 경력도 쌓고 싶어서요." 도경 씨가 학교에 다니며 주방보조를 하는 가장 큰 이유도 돈을 모아 '워킹홀리데이'를 떠나기 위해서다.

노동시장으로 진입을 앞둔 청년들은 저마다의 사연을 안고 초단시간 일자리의 틈새를 파고든다. 누군가에게 '취업 전 거쳐가는 일'은, 누군가에게 '어쩔 수 없이 계속하게 되는 일'이다. 누군가에겐 '학업과 병행하려고 구한 일'이고, 또 누군가에겐 '생업처럼 해야 하는 일'이 되기도 한다.

초단시간 노동자는 산재보험을 제외한 4대보험 의무 가입 대상이 아니다. 주휴수당이나 연차수당을 적용받지 않는다. 퇴직금을 보장받지 못한다. 이들이 주 15시간 미만이라는 이유로 노동의 정당한 대가를 받지 못하는 이유는 뭘까. 나도 그들도 답을 찾을 수 없었다.

돌봄노동자의 분 단위 계약

일찍 출근 · 늦게 퇴근해도, 출근부엔 '계약시간만큼 근무'

"월요일~금요일/하루 2.8시간/14:12~17:00"

경기도 수원의 한 초등학교에서 방과후 돌봄교사로 일하고 있는 김영란(48) 씨가 학교와 체결한 근로계약서에 나오는 문구다. 김 씨가 학교와 맺은 계약상 주당 근무시간은 14시간. 주당 노동시간을 15시간 미만으로 맞추기 위해, 월요일부터 금요일까지 하루 출근시간을 '12분'씩 늦춘 전형적인 '분 단위 계약'이다.

김 씨가 말했다. "돌봄교사가 하는 일은 전일제 선생님들이랑 다를 게 없어요. 그런데 하루 근무시간이 12분 부족해서 못 받는 게 너무 많아요. 4대보험도, 주휴수당도 받아본 적이 없어요. 하다못해 명절에 수고했다고 기름값이라도 받아본 적이 없으니까요."

주 15시간 미만의 초단시간 일자리 중에서도 방과후 돌봄교사, 요양보호사 등은 대표적인 '초단시간 돌봄노동' 직군으로 꼽힌다. 국가인권위원회가 2016년 발표한 자료를 보면, 초단시간 노동자는

2002년 기준 여성(12만 279명)이 남성(6만 6264명)보다 약 1.8배 많았는데, 13년이 지난 2015년에는 여성 41만 1307명, 남성 17만 4146명으로 2.4배까지 격차가 벌어졌다. 학교 비정규직이나 요양보호사 등 돌봄노동에 여성 노동력이 쏠리면서 저임금·초단기 노동자로 여성 노동력이 몰리고 있는 셈이다.

초과 노동? 미뤄지거나, 삭제되거나

'1분 1초'를 칼같이 나눌 수 없는 돌봄노동의 특성상 초과 노동은 피할 수 없다. 그러나 초단시간 노동자의 스케줄에서 초과 노동은 삭제되거나 미뤄진다. 광주광역시에서 재가요양보호사로 일하고 있는 원혜윤(52) 씨는 민간 재가방문요양센터와 하루 2시간씩, 주 10시간 치매 노인을 돌보기로 계약했다. 그러나 계약한 시간보다 조금이라도 늦게 끝날 경우 센터에서 바로 연락이 온다. "어르신들 모시고 병원 다녀오고, 씻기고, 집안일 도와드리다 보면 2시간 금방 가요. 어르신 집에 출퇴근 기록하는 카드 인식기가 있는데, 2시간 넘게 찍으면 센터에서 전화가 오는 거죠. '왜 더 하셨냐. 오늘 30분 초과했으니, 내일은 꼭 1시간 30분만 일해라' 이런 식으로요. 주 10시간 넘으면 수당을 줘야 하니까 절대 10시간을 못 넘게 하더라고요."

사범대를 졸업한 뒤 가사노동을 하다 2014년부터 돌봄교사로 일

돌봄노동자의 초단시간 노동

학교 돌봄교사 김영란(48) 씨의 근무표

근로시간 ▶ **월~금(주 14시간)**
하루 2.8시간
(14:12~17:00)

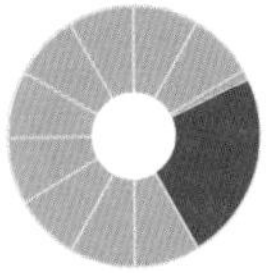

재가요양보호사 원혜윤(52) 씨의 근무표

근로시간 ▶ **월~금(주 10시간)**
하루 2시간
(16:50~18:50)

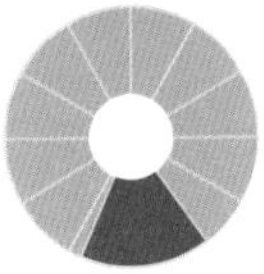

했다는 김영란 씨도 일하면서 초과근로수당을 받아본 적이 한 번도 없다. 학생들의 일정에 맞춰 일찍 출근하거나 늦게 퇴근하는 일이 비일비재하지만, 학교 출근부에는 정확히 '근로계약서에 나와 있는 만큼' 근무했다고 써야 하기 때문이다.

"정규수업 끝난 아이들이랑 방과후 프로그램 진행하고, 간식 챙겨주고, 제각각인 귀가 시간에 맞춰 지도도 해야 해요. 일이 끝나면 교실 청소하고, 근무일지도 작성해야 하고요. 제 근무시간인 2시간 48분 안에 이걸 다 끝내는 건 사실상 불가능해요. 하루에 평균 1시간 이상은 초과 노동을 하는 것 같아요." 인권위 보고서(2016년)를 보면, 간병인·돌봄교실 등 여성 초단시간 노동 업종군은 지정 시간을 초과한 과외 노동시간이 평균 30분이 넘는 것으로 나타났다.

일이 좋은데, 그 일이 너무 열악하다

아픈 어머니를 돌보다가 2010년부터 본격적으로 재가요양보호사로 일하기 시작한 원혜윤 씨는 많을 땐 하루 네 곳까지 방문하며 일했다. 한 요양보호사와 주 15시간 이상 계약하지 않으려는 민간 센터들 탓에, 원 씨는 노인 4명을 돌보며 지역 내 센터 네 곳과 각각 계약을 했다.

김 씨는 요양보호 일자리를 한 곳으로 줄이고, 올해 1월부터 청소 노동을 시작했다. 아침 7시 30분부터 오후 4시 30분까지 시내 공원에서 청소를 하고, 20분 뒤인 4시 50분부터 2시간 동안 어르신을 돌

보는 요양보호 일을 하는 식이다. '어르신과 너무 정이 들어서' 차마 요양보호사 일을 모두 그만둘 순 없었다는 김 씨가 청소 일자리를 구한 가장 큰 이유는 '4대보험' 탓이었다. "시에서 내는 공공근로 공고에는 4대보험을 들어준다고 돼 있더라고요. 9년 동안이나 요양보호사로 일했는데, 4대보험에 가입한 적이 단 한 번도 없었거든요." 지난해 무거운 어르신 휠체어를 옮기다가 허리 디스크 진단을 받았다는 김 씨는 "치료비를 모두 자비로 부담했다"며 한숨을 쉬었다.

'쪼개놓은 시간에 노동을 끼워 넣는' 초단시간 일자리는 법률이 정하고 있는 예외 조항을 만나 더 열악해진다. 원 씨는 9년 동안이나 같은 노인을 돌보면서도 민간 센터와 1년마다 재계약을 맺으면서 고용 불안에 시달려야 했다. 1년마다 학교와 재계약을 맺었던 김영란 씨는 올해 3월부터 경기도 교육청의 방침에 따라 무기계약직으로 전환됐지만, 정작 돌봄교사들의 삶의 질은 달라진 게 없다고 잘라 말했다. "1년에 한 번씩 재계약을 안 해도 된다는 것, 딱 그것 하나 바뀐 거예요. 나머지는 똑같아요. 초과 노동을 해도 임금을 못 받고, 4대보험도 못 들고, 연차휴가 없고, 주휴수당도 없어요." 김 씨가 지난 5월 돌봄교사로 일하면서 받은 급여는 48만 2170원, 정확히 시급에 일한 시간을 곱한 금액이다. 김 씨가 말했다. "2014년에 처음 일을 시작했을 때 시급이 1만 715원이었는데, 지금 1만 720원이에요. 4년 동안 5원 올랐네요."

전국학교비정규직노조 조선희 정책국장은 "돌봄노동의 경우 '복지 수혜자(아이·노인 등)가 필요로 하는 시간에만 인력이 필요하다', '여성의 노동은 희생과 봉사의 성격이 강하다'는 인식이 크다"며 "돌봄노동 역시 최소한의 법적 보호를 받을 수 있도록 법·제도를 정비해야 한다"고 지적했다.

본사에서
팥빙수 쿠폰 뿌리면,
알바들은 '비상'

"애들아, 큰일 났다. 오늘 본사에서 팥빙수 쿠폰 뿌렸대. 비상이야 비상."

4월 25일 오전 10시. 파리바게뜨 매장에 도착한 사장님이 분주한 매장을 둘러보며 말했다. 매일 오전 11시에 도착하는 파리바게뜨 냉동 탑차에서는 평소보다 두 배 이상의 물량이 내려왔다. 얼음, 팥, 아이스크림 등 대부분 빙수용 재료였다. 이날 파리바게뜨는 여름맞이 빙수를 출시하며 "과일로 만든 얼음을 조화시켜 꽃잎처럼 화려한 색상과 모양을 갖췄다"는 보도자료를 배포했다.

내가 일했던 파리바게뜨, 이디야커피는 대부분 가맹점주가 운영하는 가맹점이다. 가맹점은 원재료부터 제조법, 위생 관리까지 모두 프랜차이즈 본사의 지침에 따른다. 본사가 주관하는 신메뉴가 출시되거나, 할인행사가 열리는 날, 알바 노동자들의 노동강도도 함께 높아지는 이유다.

프랜차이즈 본사의 지침에 따라 운영해야 하는 가맹점 특성상 본사와 가맹점주 사이가 '고용 관계'를 넘어 '갑을 관계'로 변했다는 지적이 이어지고 있다. 실제 지난해 12월 공정거래위원회가 외식업종 50개 가맹본부를 대상으로 '구입 요구 품목' 거래 실태를 조사한 결과를 보면, 본부의 94%가 필수 품목의 유통 이윤, 즉 일종의 편법인 차액 가맹금을 받고 있는 것으로 나타났다. 점포 운영부터 물품 구매까지 본사의 눈치를 보지 않을 수 없는 구조인 셈이다.

그러나 프랜차이즈 본사는 알바 노동자의 노동조건에 대한 논의에선 빠져 있다. 이에 알바 노동자의 노동조건을 보호하기 위해 가맹점주들에 대한 보호 조처도 함께 논의돼야 한다는 지적이 나온다. 참여연대 민생희망본부 유동림 간사는 "가맹점주들이 겪는 어려움은 높은 인건비가 아니라 과도한 본사 가맹비와 카드 수수료, 임대료가 본질적인 원인"이라며 "최저임금이 오르는 속도에 맞춰 본사의 로열티 수수료를 줄이는 등 가맹점주들의 부담을 본사가 함께 나누는 조처가 필요하다"고 말했다.

프랜차이즈 본사가 좀 더 적극적인 조처를 취해야 한다는 목소리도 나온다. 민중당 '정치하는 편의점 알바 모임'은 지난 4월 '편의점 알바 노동권 보장을 위한 10대 정책안'을 제시했다. 이 안에는 △본사·가맹점 노동법 공동 준수 △명절·주휴수당 본사 지급 △편의점 안전 문제 본사 책임화 등이 담겼다. 프랜차이즈 본사 역시 초단시간 노동자의 사용자로서 책임성을 강화해야 한다는 지적이다.

세 번째
이야기

내 통장에 꽂힌 6840원

4월 30일 월요일 새벽 6시. 파리바게뜨 매장으로 향하는 발걸음이 한없이 무거워졌다. '망했다. 왜 오늘 같은 날 생리가 터지지.' 가방 안주머니에 생리대를 쑤셔 넣었지만, 일하는 동안 한 개라도 꺼낼 수 있을지는 알 수 없었다. 생리통 탓에 허리와 무릎이 뻐근했다. 출근 전 근로기준법을 검색했다. "제73조. 사용자는 여성 근로자가 청구하면 월 1일의 생리휴가를 주어야 한다."

주 3일 출근하는 초단시간 노동자에게 그런 건 법에나 있는 말이었다. 지난해 9월 구인·구직 누리집 '알바천국'이 여성 아르바이트 노동자 325명을 대상으로 진행한 설문 결과를 보면, 생리휴가를 사용해본 경험이 "없다"는 응답자는 96.3%에 달했다. 가장 큰 이유는 "주변에 생리휴가를 쓰는 사람이 없어서"(37.9%), 또는 "말하기 어려워서"(18.5%)였다. 둘 다 맞는 얘기였다.

마침 이날 같은 시간대에 일했던 혜윤(30) 언니가 몸이 아파 결근했다. 일의 총량이 정해져 있는 매장에서 든 사람은 몰라도 난 사람 자리는 티가 났다. 평소 3명이 하던 일을 2명이 하려니 말 그대로 '숨 쉴 틈'조차 없었다. 주문이 밀려 손님 줄이 매장 입구까지 늘어섰다. 결국 매니저의 에스오에스(SOS) 신호를 받은 사장님이 오전 11시께 매장에 나와 포스(계산) 업무를 보기 시작했다. 오후 1시, 나는 출근하고 5시간 만에 생리대를 갈았다.

'초단시간' 이어서 포기한 것

근로기준법은 초단시간 노동자의 노동조건 개선에 큰 도움이 되지 않았다. 생리휴가뿐 아니라 휴게시간도 마찬가지다. 4시간 이상 일할 경우 30분, 8시간 이상 일할 경우 1시간씩 휴게시간을 제공해야 하는 근로기준법(제54조)은 초단시간 노동자의 업무 스케줄과는 어긋났다.

주말 오후 4시 30분에 출근했던 애슐리에서는 빠르면 4시 45분, 늦어도 5시 전에 식사를 겸한 휴게시간인 '밥차'를 쓰라는 지시가 무전으로 떨어졌다. 저녁 6시 무렵 손님이 몰려들기 전에 휴게시간을 모두 쓰게 하려는 '시간 안배'였다. 쉬지 않고 근무하다 과로로 건강을 잃거나 근무 중 발생할 수 있는 안전사고를 예방하려는 휴게시간 도입 취지와 동떨어진 얘기다.

애슐리 근로계약서에는 다음과 같은 문구가 나온다. "휴게시간은 업무 진행 상황 등에 따라 변경될 수 있다." 매니저의 '밥차' 지시는 '법적으로 휴게시간을 보장하긴 하겠지만, 손님이 많은 시간대에는 절대 쉴 수 없다'는 암묵적인 룰과 같았다. 출근하자마자 강요된 휴게시간이 끝나면 그 뒤로 5시간 가까이 쉴 틈 없이 일해야 했다.

휴게시간이 지켜지지 않는 건 다른 초단시간 노동 현장에서도 마찬가지였다. 파리바게뜨 근로계약서를 작성하던 날, 사장님이 물었다. "원래 법적으로는 30분 휴게시간을 줘야 하는데 이 시간은 무급이야. 중간에 쉴래? 아니면 5시간 빨리 일하고 퇴근할래? 어차피 이 시간대 알바하는 애들은 오래 일하지 않으니까 보통 5시간 일하고 바로 퇴근하더라고."

잠깐 고민하던 찰나 매장 2층 구석에 있는 직원 휴게실이 눈에 들어왔다. 휴게실에는 직원이 앉아 쉴 수 있는 철제 의자 하나가 덩그러니 놓여 있었다. '저기에 앉아 30분을 쉰다고? 무급으로?' 그다지 어렵지 않은 계산이었다. "그냥 5시간 일하고 바로 퇴근할게요." 권리를 포기하는 일은 생각보다 쉬웠다. 포기할 수밖에 없는 권리는 권리가 아니었다.

애초에 근로계약서조차 쓰지 않은 이디야커피에서는 휴게시간에 대한 언급조차 없었다. 나보다 한 시간 일찍 나와서 일했던 지환(26)이 말했다. "손님이 갑자기 많이 몰리지만 않으면 일 자체는 크게 힘

들지 않아요. 그래도 가장 힘든 건 계속 서 있어야 한다는 거? 하루 5시간이지만 쭉 서 있으면 무릎이 진짜 아프거든요. 매대에 의자 하나만 있어도 좋을 것 같긴 해요."

'밥차' 때 샐러드바 음식을 한 접시 먹을 수 있는 애슐리를 제외하면 파리바게뜨와 이디야커피에서는 밥을 주지 않았다. 저녁시간, 이디야커피 알바를 하다 배가 고프면 매장에서 파는 허니브레드를 구입해 지환이와 나눠 먹었다. 파리바게뜨에선 전날 팔다 남은 빵이나 판매 기한이 지나 냉장고에 넣어둔 샌드위치를 먹었다. 갈무리 해둔 파리바게뜨 구인 공고를 확인해봤다. "근로조건 : 식사 제공합니다."

구인 공고와 현실 사이의 간극은 아득했지만, 누구를 탓할 수는 없었다. 근로기준법에는 사업주가 식비·식사를 제공해야 한다는 규정이 없다. 사업주의 재량이다. 못 파는 빵이라도 먹는 게 다행이었다.

4월 18일 오후 1시, 파리바게뜨 알바를 마치고 허기진 배를 부여잡고 퇴근길 버스에 올랐다. 휴대전화로 뉴스를 읽다가 멈칫했다. "국회 환경노동위원회가 최저임금 산입 범위에 상여금, 식대, 교통비 등을 포함하는 '최저임금법 개정안'을 놓고 논의하고 있다." 사장님 재량 덕분에 먹었던 샌드위치는 앞으로 어떻게 되나?' 머릿속이 복잡해졌다.

'초단시간'이라도 이건 불법입니다

지난 4월 14일부터 3주간 일했던 애슐리·파리바게뜨·이디야커피는 모두 5인 이상 사업장으로 근로기준법이 적용된다. 주 15시간을 일했던 파리바게뜨 알바는 정확히는 '초단시간'이 아닌 '단시간' 노동이다. 그래서 주 15시간 이상 일할 경우 주어지는 주휴수당 적용 대상이었지만, 주휴수당에 관한 내용은 근로계약서에 언급조차 되지 않았다. 같은 시간대에 일했던 미래(26)도 "4개월 동안 일하면서 주휴수당을 받아본 적 없다. 딱 일한 시간에 최저임금을 곱해서 받았다"고 말했다.

'최저의 인생을 살 수 있는 돈이라서 최저임금'이라는 우스갯소리는 알바 노동자들의 현장에선 슬픈 현실이었다. 내가 작성한 파리바게뜨 근로계약서에 '붉고, 굵은' 글자로 등장하는 문구는 다음과 같았다.

"최초 계약 시 1개월은 수습 기간으로 하며, 수습 기간 동안의 급여는 90%로 한다. 근무 태도, 업무 능력, 책임감, 건강 상태 등을 고려하여 정식 채용 여부를 결정한다." 파리바게뜨 시급 7600원, 그 90%는 6840원으로, 2018년 최저임금인 7530원보다 690원 낮은 금액이었다. 사장님은 근로계약서에 서명하며 "처음 한 달은 배우는 기간이라고 생각하면 된다. 우리도 처음 사람을 쓰면 위험부담이 있으니까 일부러 수습 기간을 두는 것"이라고 말했다.

최저임금법은 근로계약 기간이 1년 이상인 경우에 한해 수습 근로자의 3개월 동안 최저임금을 10% 감액할 수 있다고 규정하고 있다. 그러나 단순노무 종사자의 경우 숙련을 위한 별도의 기간이 필요하지 않다. 최저임금을 지급하지 않으려는 꼼수로 악용하는 사업장이 많다는 지적이 잇따르자, 2017년 9월 국회는 '단순노무 업무에 종사하는 근로자는 수습 중이라도 최저임금을 삭감할 수 없도록' 최저임금법을 개정했다. 내가 근무한 파리바게뜨에서 빵 포장 알바 노동자는 '음식 관련 단순 종사자'였으므로, 내가 맺은 근로계약은 위법이었다. 해당 기간 받지 못한 임금 10%는 첫 기사(〈한겨레〉 2018년 6월 18일치)가 나가고 이틀 뒤인 지난 20일 통장으로 입금됐다.

애슐리 서약서·파리바게뜨 근로계약서

애슐리 서약서

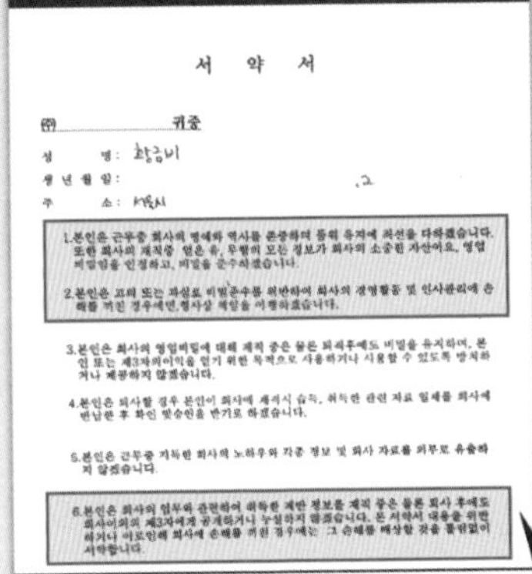

서 약 서

파리바게뜨 근로계약서

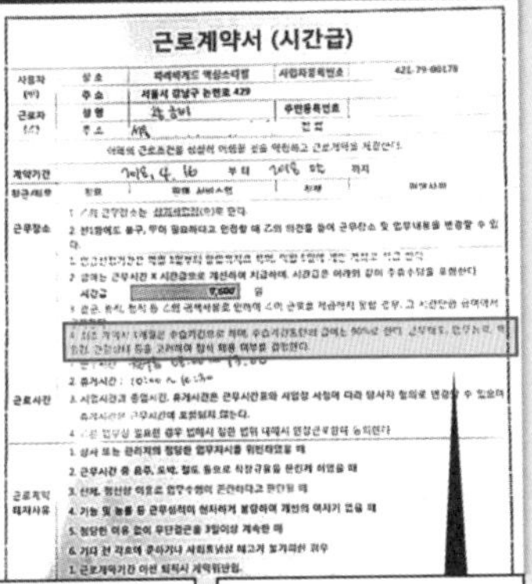

근로계약서 (시간급)

1. 본인은 근무중 회사의 명예와 역사를 존중하며 품위 유지에 최선을 다하겠습니다. 또한 회사의 재직중 얻은 유,무형의 모든 정보가 회사의 소중한 자산이요, 영업 비밀임을 인정하고, 비밀을 준수하겠습니다.

2. 본인은 고의 또는 과실로 비밀준수를 위반하여 회사의 경영활동 및 인사관리에 손해를 끼친 경우에 민,형사상 책임을 이행하겠습니다.

6. 본인은 회사의 업무와 관련하여 취득한 제반 정보를 재직 중은 물론 퇴사 후에도 회사 이외의 제3자에게 공개하거나 누설하지 않겠습니다. 본 서약서 내용을 위반하거나 이로 인해 회사에 손해를 끼친 경우에는 그 손해를 배상할 것을 틀림없이 서약합니다.

4. 최초 계약시 1개월은 수습기간으로 하며, 수습기간 동안의 급여는 90%로 한다. 근무태도, 업무능력, 책임감, 건강상태 등을 고려하여 정식 채용 여부를 결정한다.

알바 노동자의 급여는 노동시간에 최저시급을 곱하는 단순한 '산수'의 결과물이다. 그래서 근로계약서에서 가장 건드리기 쉬운 건 '임금' 다음이 '시간'이었다. 애슐리에서 작성한 근로계약서를 보면, "급여 산정 방법 : 출·퇴근 시간은 분 단위로 측정하여 산정한다"고 돼 있었다. 그러나 실제론 매장에 10~15분 전에 도착해 유니폼을 갈아입은 뒤 사무실로 가서 출근시간을 분 단위로 적었다. 퇴근할

내가 겪은 '초단시간 노동'

생리휴가

근로기준법 제73조
사용자는 여성 근로자가 청구하면 월 1일 생리휴가를 주어야 한다

애슐리 · 파리바게뜨 · 이디야커피 모두 법 적용 해당

생리휴가 안 씀
그냥 다들 안 써서 말 못 함

휴게시간

근로기준법 제54조
4시간 이상 근로자에게 30분, 8시간 이상은 1시간 이상 자유롭게 이용할 수 있는 휴게시간을 줘야 한다

애슐리 · 파리바게뜨 · 이디야커피 모두 4시간 이상 근로로 30분 휴게시간 해당

파리바게뜨 · 이다야커피
열악한 휴식 공간 탓에 포기

초단시간이어서 포기한 것

땐 사무실로 가서 퇴근시간을 적고 유니폼을 갈아입었다. 사무실에 적은 퇴근시간보다 10~15분 늦게 매장을 나섰다. '유니폼을 갈아입는 시간'은 근무시간이 아닌 셈이다. 파리바게뜨와 애슐리도 마찬가지였다. 점주들은 하나같이 "유니폼 갈아입는 시간을 고려해 5~10분 정도 일찍 와야 한다"고 강조했다.

그러나 근로기준법 제50조는 "근로자가 사용자의 지휘·감독 아래에 있는 대기시간 등은 근로시간으로 본다"고 규정돼 있다. 이 때문에 유니폼을 갈아입는 행위도 노동시간에 포함시켜야 한다는 지적이 끊임없이 제기되어왔다. 노동과 관계된 필수적인 부수행위인데다, 업소에 도착해 사용자의 실질적 지휘·감독 아래에 머무는 일이기 때문이다. 그러나 알바노조가 2015년 패스트푸드 알바 노동자

최저임금

최저임금법 제5조 2항
단순노무업무인 근로자는 수습기간이라는 명목으로 최저임금 미만의 임금을 지급할 수 없다

애슐리 · 파리바게뜨 · 이디야커피 모두 단순노무업무로 최저임금 지급해야 함

파리바게뜨는 '수습'이라며 최저시급 미만(6840원) 지급

근로계약서 미교부

근로기준법 제17조 3항
사용자는 임금 · 소정근로시간 연차유급휴가 등이 명시된 근로계약서를 교부해야 한다

애슐리 · 파리바게뜨 · 이디야커피 모두 법 적용 해당

이다야커피는 근로계약서 작성하지 않았고 파리바게뜨는 연차유급휴가 등 명시 안 함

초단시간이어도 불법인 것

연장 · 휴일근로

근로기준법 제56조
연장근로와 야간근로 또는 휴일근로에 대하여는 통상임금의 50% 이상을 가산해 지급해야 한다

애슐리 · 파리바게뜨 · 이디야커피 모두 법 적용 해당

파리바게뜨 · 이디야커피는 가산금액 지급 안 됨

업무 준비 시간

근로기준법 제50조
작업을 위하여 사용자의 지휘 · 감독 아래 있는 대기시간 등은 모두 근로시간으로 본다

애슐리 · 파리바게뜨 · 이디야커피 모두 법 적용 해당

업체 모두 유니폼 환복 시간은 근로시간에 포함 안 됨

238명을 조사해 발표한 설문조사를 보면, 97%에 이르는 231명이 "(출근 시) 유니폼을 갈아입거나 도구를 정비하는 업무 준비 시간은 노동시간에 포함되지 않았다"고 답했다. 출근 체크 전 업무를 준비하는 시간은 하루 평균 8분 42초, 퇴근 체크 뒤 매장을 나서기까지

주휴수당

최저임금법 제18조 3항
주당 소당근로시간이 15시간 미만인 근로자에게는 주휴수당 · 연차유급휴가 등의 규정이 적용되지 않는다

애슐리 · 이디야커피는 해당 안 됨
파리바게뜨는 주 15시간 이상 근로에 해당

15시간 이상 근무한 파리바게뜨에서도 주휴수당 못 받음

기간제법 적용

기간제 및 단시간근로자 보호 등에 관한 법률 시행령 제3조 등
2년 이상 고용한 근로자는 무기계약직으로 전환해야 하지만 초단시간 노동자는 예외로 한다

애슐리 · 이디야커피는 해당 안 됨
파리바게뜨는 주 15시간 이상 근로에 해당

2년 넘게 일했어도 어떻게 됐을지 모르겠음

초단시간이어서 합법인 것

퇴직금

근로자퇴직급여보장법 제4조 1항
4주간 근로시간을 평균 내 1주간 소정근로시간이 15시간 미만인 경우는 퇴직급여 대상에서 제외된다

애슐리 · 이디야커피는 해당 안 됨
파리바게뜨는 주 15시간 이상 근로에 해당

1년 넘게 일했어도 어떻게 됐을지 모르겠음

4대보험

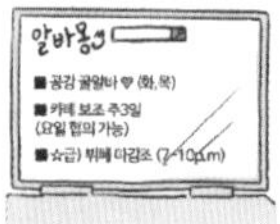

고용보험법 · 국민연금법 등
1개월간 소정근로시간이 60시간 미만인 경우는 국민연금 · 고용보험 · 건강보험 가입 대상에서 제외된다
(산재보험은 가입 대상)

애슐리 · 이디야커피는 해당 안 됨
파리바게뜨는 주 15시간 이상 근로에 해당

애슐리는 고용 · 산재보험 가입했지만, 파리바게뜨 · 이디야커피는 가입하지 않았음

걸리는 시간은 10분 52초에 이르는 것으로 나타났다.

유니폼 환복 시간이 '노동시간'에 포함되지 않는 것은 초과 노동에 대한 임금 미지급과도 맞물린다. 파리바게뜨에서는 유니폼 환복 시간까지 포함해 평균 5~10분 정도 일찍 출근하고 늦게 퇴근했지만, 매대 옆에 있는 근무표에는 '다른 알바 노동자들을 따라' 칼같이

"08:00~13:00"이라고 적었다. 임금도 근무표에 적힌 만큼 지급됐다. 2층 탈의실에서 옷을 갈아입고 나오면, 카페의 쓰레기를 1층으로 들고 내려와 정리한 뒤에야 '진짜 퇴근'을 할 수 있었다. 알바노조 설문조사에서 "남은 일을 처리하느라 퇴근 체크 뒤에도 일했다"고 응답한 57%(136명)는 나와 비슷한 잡무를 처리했을 것이다. 먼저 매장을 나서는 초단시간 노동자의 '무임금' 초과 노동은, 업주 등 매장에 남은 사람들을 위한 '매너'이자 '센스'처럼 여겨졌다. 호의가 계속되면 권리인 줄 아는 듯하다.

'초단시간'이어서 견뎌냅니다

애슐리에서 작성한 '단시간 근로자 근로계약서'에는 '주 15시간'이라는 말이 정확히 세 번 등장했다. "주휴일 : 비대상(1주 평균 15시간 미만 근무자)", "주휴일(1주 평균 15시간 이상 근무한 자), 근로자의 날을 유급휴일로 한다", "근로기준법에 따라 통상근로자의 근로시간에 비례하여 연차유급휴가를 부여한다(주 15시간 이상 근로자)". 모두 초단시간 근로자를 '예외'로 배제하는 근로기준법에 따른 것이다. 사용자가 구인 공고에서 지정하고 근로계약서에 기재해둔 노동시간, '소정근로시간'을 기준으로 초단시간·단시간 노동을 구분하는 탓에, 주 15시간 미만 초단시간 노동은 근로기준법 적용 배제를 통한 '합법적인 차별'의 근거로 작동한다.

4대보험도 마찬가지다. 1시간이라도 일할 경우 반드시 가입해야 하는 산재보험과는 달리 고용보험과 국민연금, 건강보험은 모두 각각의 시행령을 통해 '1개월간 소정근로시간이 60시간 미만인 자(1주 15시간 미만)'는 '적용 제외 근로자'로 명시하고 있다. 애슐리는 4대보험 가운데 고용보험과 산재보험에 가입했지만, 파리바게뜨의 근로계약서에는 4대보험과 관련된 내용이 아예 없었다. 근로계약서를 작성하지 않았던 이디야커피에서는 4대보험에 가입했는지 아닌지조차 알 수 없었다. 그저 한 치의 에누리 없이 '최저임금 × 시간'으로 통장에 입금된 월급을 보며 '4대보험 때문에 따로 삭감된 금액은 없었겠구나'라고 추측할 뿐이었다.

2015년 '경제활동인구조사'를 토대로 한 국가인권위원회의 보고서(2016)를 보면, '근로 형태별 사회보험 가입 현황'을 분석한 결과 초단시간 노동자의 국민연금·고용보험 미가입률은 각각 92.5%·97.9%에 육박하는 것으로 나타났다. 반면 4대보험 가입이 법으로 의무화된 단시간 근로자, 전일제 근로자는 국민연금 미가입률이 70.2%·19.2%, 고용보험 미가입률이 75.0%·24.4%로 크게 차이를 보였다.

청년유니온 이기원 노동상담팀장은 "4대보험 가입이 법적으로 보장된 단시간 노동자도 실제 가입률이 낮은데, 초단시간 노동자는 아예 법적으로 4대보험 가입 대상에서 제외돼 아무런 거리낌 없이 '합법적'인 차별을 받는 셈"이라며 "당장의 권리 보호가 어려운 것도 문제지만, 장기적으로 청년들의 국민연금 가입이 늦어지면서 미래에 예상 가능한 노후 소득이 줄어드는 것 역시 문제"라고 지적했다.

노동
orz
웹툰

'빽센' 시간대 잠깐 고용, 초단시간 노동에 혼이 빠졌다

파트 오브 파트타임
지난 몇 주간 파리바게뜨, 애슐리, 이디야커피에서 '초단시간 노동자'로 일했다.
'초단시간 노동자'는 주당 15시간 미만으로 일하는 노동자인데
알바몽
■공강 꿀알바 ♡ (화,목)
■카페 보조 주3일 (요일 협의 가능)
■☆급) 뷔페 마감조 (7~10p.m)
일자리 찾기는 어렵지 않았다.
구인 글에는 사장님들의 의도가 적나라하게 드러났다.
주당 14시간 40분 파트타이머 모집합니다.
주당 15시간 이상 일 한 노동자에겐 법적으로 주휴수당을 지급하게 되어 있지만
안녕하세요 알바몽 보고 연락드려요 28/여/경력무
20분 차이로 그 비용을 '절약'할 수 있기 때문이다.
띠링—
면접 보러 오세요.

선택
법적으로는 30분 휴게시간을 주는 게 맞는데 이 시간은 무급이거든.
근로계약서
오래 일하지 않으니까 다른 애들은 다섯 시간 쭉 일하고 빨리 퇴근하더라고.
넌 중간에 쉴래? 아니면 빨리 퇴근할래?
휴게실은 어디죠?
휴게실을 보니 알바생들이 왜 그런 선택을 했는지 이해가 갔다.
쭉 일하다가 퇴근할게요.
끄덕
시급 7,600원
※1개월은 수습기간으로 하며 급여는 90%로 한다
더 궁금한 거 있어?
*단순 노무 업무에 종사하는 근로자는 수습 중이어도 최저임금을 삭감할 수 없음
여부가 있겠습니까.
참, 유통기한 지난 빵은 먹어도 돼.
시상에나 감사합니다
낫 놓고 ㄱ자도 모르는 머슴의 심정으로 싸인을 그렸다.

서브
특별히 정해진 일은 없고요 손 부족한 부분 채워주는 거예요.
서브죠, 서브. 첫날이니까 저 하는 거 보고 배우시면 돼요.
샷 내릴 줄 아세요?
이건 빙수 기계인데-
빵마다 포장 법이 달라요.
2층 청소도 잊지 마세요!
빵 썰어드릴까요?
슈크림 채워줘요~
손님! 케이크는 저희가 꺼내드릴게요.
유통기한 체크!
헉
헉
헉
헉
헉
헉
헉
서브지만 전부 할 줄은 알아야죠.

비밀 레시피
꾸—욱
언니 그렇게 하면 터져요!
헉 그럼 이건 못 팔아요? 할 수 없이 제가 먹어야…
아뇨… 옆에 빼 주세요.
이 정도는 슈거파우더 뿌리면 가려지거든요.
내가 만들었지만 안 사 먹고 싶은데…
크림 작업도 알바가 해요?
원래 제빵 기사님 일인데 바쁘니까 저희가 해요.
그러면 기사님을 더 채용하는 게 맞지 않나?
베이글은 크림 짜놓고 펴 바르면 돼요-
오~
제빵 업무까지 알바가 하게 만드는 프랜차이즈 매뉴얼의 기적이었다.

쉬는 시간
30분
쉬고 오세요.
벌써?!
손님이 빠져 한가해지면
무전으로 휴게 지시가 내려왔다.
12
3
6
9
4시 30분 출근
출근 15분 만에 휴식하는
민망한 순간이 계속됐다.
면접 볼 땐
쉬고 싶을 때
자유롭게 쉬라고
했는데…
법적으로 보장된 휴게시간도
알바에겐 구색 맞추기일 뿐.
쉬는 시간이 끝나면
홀은 어김없이 만석이었다.
남은 다섯 시간을
앉을 틈 없이 뛰어다녀야 한다.

슈퍼히어로
대기번호 8번 손님~!!!
어벤져스 개봉 후 첫 휴일. 영화관 아래층인 매장이 가득 찼다.
크와아앙!
크와아앙!
가면 벗고 밥 먹어
나도 어벤져스가 되고 싶다.
걷지 않고도 접시를 치우고
3kg이 넘는 원목 의자도 척척 들어 올리고-
휘이잉
척! 척!
잠깐, 왜 상상 속에서도 일하고 있는 거야.
고된 업무로 상상력이 빈곤해짐
아아 아이언맨이 되고 싶다.
아이언맨은 알바 안 하겠지 부자니까.

계산 왕
시간 쪼개서 알바 쓰는 거 저도 골치 아파요.
괜찮은 애 하나 풀타임 쓰면 좋죠. 여러 명 가르치는 것도 다~시간이고 돈인데.
그치만 최저시급도 올라서 이젠 제가 유니폼 입고 커피 파는 걸요.
본사에서 알바 월급 안 줘요. 제 주머니에서 나가지.
그러니까 제 말은-
저도 필요한 만큼만 알바를 쓸 권리 정도는 있지 않겠냐 이거죠.
쪼개서 쓰면 주휴수당 아껴, 보험료도 아껴, 게다가 불법도 아냐. 어느 사장이 마다합니까?
그쵸? 기본적인 산수예요.
그렇게 할 수 있어서 했을 뿐이라고요. 그게 나쁩니까?

애슐리 민경이
어떻게 1년이나 했어요? 전 하루도 힘든데…
취준하면서 생활비라도 벌 겸 시작했는데…
다행히 매장 분들이 잘해주셔서 크게 힘들진 않았어요.
좋은 게, 알바하면서 성격이 많이 활발해졌거든요. 사실 저 낯가리고 말도 잘 못했어요.
와~ 상상이 안 돼요.
그쵸, 그쵸?!
하하-
…
…사회생활을 배운다는 느낌은 있지만-
이 시간에 내 경력에 도움이 되는 일을 할 수 있었다면 당연히 그걸 했겠죠.
근데 그게 쉽진 않잖아요.

이디야 커피 진욱이
제가 설거지할게요 누나는 바닥 쓸어주세요.
이거요? 인강인데 출석체크 때문에 그냥 틀어 두는 거예요.
월~금 학교 가고 카페 마감하면 인강 볼 시간이 없거든요.
힘들긴요~ 전 힘들다가도 돈 받으면 힘이 막 나요. 진심!
여긴 주휴수당도 챙겨 주니까 합치면 90만 원쯤? 개꿀이죠 진짜.
어? 누난 주휴수당 못 받는다고요?
이상하네... 누나나 저나, 하는 일은 다르지 않아 보이는데.

에필로그

초단시간 일자리, '경험'이 아닌 '노동'입니다

'6840원.'

급여 통장에 '4월 급여'라고 찍힌 금액 23만 9400원을 4월 근무시간인 35시간으로 나눴더니 나온 금액입니다. 시급 6840원은 제가 일했던 파리바게뜨의 한 매장에서 내건 시급 7600원의 90%에 해당합니다. 2018년 최저임금인 7530원보다 690원 적습니다. "수습 기간 한 달 동안엔 최저임금의 90%만 드려요." 면접 때 매장 매니저에게 '설마' 하며 들었던 말은 제가 서명한 근로계약서와 급여 통장을 거쳐 '현실'이 됐습니다.

초단시간 노동자를 두고 보통 '법률의 사각지대'에 있다고 표현합니다. 근로기준법·기간제법 등 노동자의 권리를 보장하는 법에서 대부분 '소정근로시간 주 15시간 미만'은 예외 조항으로 규정돼 있기 때문입니다. 4대보험도, 주휴수당도, 퇴직금도 받지 못하는 초단시간 노동자가 스스로 '노동자'라는 사실을 자각할 수 있는 몇 안 되는 수단은 바로 근로시간에 곱해 지급되는 최저임금 7530원입니다. 그러나 그조차 보장받지 못한 3주였습니다. 굳이 시급부터 짚은 것도 이런 이유에서입니다.

"언니, 저도 다 알죠. 4대보험 안 들고, 주휴수당 안 주려는 것 다 뻔히 보여요. 심지어 최저임금도 다 안 주잖아요. 그런데 면접 보는 입장에서 그걸 어떻게 다 챙겨달라고 해요." 같은 매장에서 일했던 청년 노동자들에게 가장 많이 들었던 말입니다. 저 역시 마찬가지였습니다. 당장 일자리를 구해야 하는 상황에 놓인 노동자들이 만나는 사업주는 때로 법을 넘어서고, 때로는 법을 따르며 군림합니다. 구직자들의 '선택권'은 사라집니다. 오롯이 매장의 상황에 짜 맞춰진 내 스케줄을 보며 "그나마 이런 조건에서라도 일하는 게 다행"이라며 자신을 위로할 뿐입니다.

올해 최저임금이 인상된 뒤 '쪼개기 노동'은 점점 더 진화하고 있습니다. 외식업·커피전문점 등의 하루 일과는 '오픈·미들·마감'으로 구분돼 있지만, 이제는 이마저도 주 15시간을 초과하지 않도록 '월수금·화목토/일', '월수·화목·금토/일'같이 요일별로 갈라칩니다. 일부 언론은 초단시간 노동자 고용을 '최저임금 인상의 여파를 입은 사업주들이', '어쩔 수 없이 선택하는', '인건비 절감 전략'으로 묘사하곤 합니다. 전략 맞습니다. 초단시간 노동자를 고용하면 사업주가 얻는 각종 인센티브를 모르지 않으니까요. '임금을 건드릴 수 없다면, 시간을 건드린다.' 초단시간 노동자들의 열악함을 보여주는 가장 명징한 전략입니다.

초단시간 노동자들은 대부분 최저임금을 받는 일자리를 마치 생업처럼 전전하고 있습니다. 정색하고 다시 말씀 드리지만, '경험'이 아닌 '노동'입니다. 각종 초단시간 일자리들이 증가하고, 청년·여성·노인 등 노동 취약계층이 여기로 몰리고 있습니다. '주 15시간 미만'이라는 합법적 차별의 기준에 대해 다시 생각해봐야 할 이유입니다.

4

삶을 곡예 운전 중인, 배달기사

장수경

기술 발달로 배달대행 앱 등
플랫폼을 기반으로 일하는 플랫폼 노동자들이
늘고 있습니다. 이들은 '위탁 계약'을 맺은 탓에
노동자가 아닌 개인사업자로 분류됩니다.

'노동orz'의 이번 장면은
두 바퀴에 몸을 의지해 아스팔트 위로 쫓기듯
내몰린 배달대행기사입니다.

첫 번째 이야기

초조한 '두 바퀴'

조리시간 15분. 경과시간 17분 17초, 18초, 19초….

휴대전화 배달 앱 화면 속 숫자는 야속하게 올라갔다. 조리에 15분 걸렸으니, 배달시간은 고작 2분 지났을 뿐인데 벌써 17분이 지났다고 '경고'했다. 조급함이 몰려왔다. 서울 마포구 대흥동 ○○구이 '업장'(배달 대행을 맡기는 음식점을 부르는 은어)과 염리동 ㅁㅁ떡볶이에서 음식을 픽업해 각각 공덕동, 도화동에 배달하려면 서둘러야 했다. 픽업엔 20분, 배달까지 20분, 총 40분 안에 끝내야 한다. 40분이 지나 자칫 고객이 수령을 거부하기라도 하면 음식값을 고스란히 물어야 한다.

아침 첫 픽업 업장이었던 △△칼국수에서 배달이 늦었다고 벌써 한소리 들은 터였다. 칼국수 가게 사장님은 알려주지도 않은 내 이름을 부르며 "수경 씨, 우리 음식은 불잖아. 손님 끊기면 어쩌려고.

어제 너무 오래 걸렸더라"고 핀잔을 놓았다. '저 사장님이 내 사장님도 아닌데….' 고민도 잠시, 머릿속엔 서둘러야겠다는 압박만이 남았다.

○○구이 음식을 배달통에 넣고 ㅁㅁ떡볶이까지 1.2km를 4분 안에 내달려야 했다. 가는 길에 교통신호는 네 개. 신호 하나당 최소 1분을 잡아먹는다. 이날따라 빨간 신호등에 두 번이나 걸렸다. 불법 유턴을 하고 싶은 충동을 간신히 억누르고 150여m 더 직진해 유턴 신호를 기다렸다. 배달 앱에 뜬 경과시간은 21분 43초, 44초…. ㅁㅁ떡볶이 앞 갓길에서 오토바이 브레이크를 허겁지겁 잡았다. 시동을 끄지 않고 왼쪽 발로 거치대를 내렸다. 안장에서 엉덩이를 떼는데 오토바이가 왼쪽으로 기우뚱했다. 급하게 내린 거치대가 제대로 내려오지 않은 듯했다. 왼쪽으로 70도 정도 기운 오토바이를 세우려고 핸들을 잡고 오른쪽 골반에 걸친 오토바이의 몸통을 밀어 올리던 찰나, 손에 쥐고 있던 핸들 액셀이 당겨진 탓인지 오토바이가 앞으로 튕겨 나갔다. 오토바이는 반쯤 내려온 거치대를 따라 왼쪽으로 돌더니 차로 쪽으로 방향을 틀어 중앙분리대를 향했다. 핸들을 잡고 있던 내 몸도 편도 3차로를 거슬러 함께 중앙분리대로 돌진했다.

"어, 어" 소리도 내지 못한 채 중앙분리대를 들이받고 맞은편 차선으로 오토바이와 함께 고꾸라졌다. 잠갔던 배달통이 바닥에 부딪히면서, ○○구이 음식이 아스팔트 위로 쏟아졌다. 떡볶이집 사장님과 그 옆 주유소 직원이 놀라서 달려 나와 오토바이를 갓길로 옮겼다. 배달 음식이 터지진 않았는지 먼저 눈이 갔다. 배달 음식을 통에 넣은 뒤 인도 쪽으로 절뚝이며 걸었다. 떡볶이집 사장님이 "괜찮아요? (배달업체) 사장님한테 내가 전화해줄게요"라고 했다. 그제야 오른쪽 허벅지와 정강이가 아려왔다. 왕복 6차로 대로에 빨간 신호를 받고 정차해 있던 운전자들이 나를 힐끔거렸다. '넘어질 때 주행 신호가 파란불이었으면 나는 어떻게 됐을까.' 왈칵 눈물이 터졌다.

전날 구매한 3만 원짜리 오토바이용 충전 거치대에서 떨어져 나온 휴대전화에선 "접수~콜" "접수~콜" 배달 접수를 알리는 신호음

이 '솔파~라' 음계로 잇따라 울렸다.

"사장님, 저 배달 일 할게요"

지난 4월 23일부터 5월 9일까지 나는 배달대행업체에서 배달기사로 일했다. 첫 2주는 주문과 배달을 모두 대행하는 ㄱ업체에서 오전 11시부터 밤 9시까지 하루 10시간씩 주 5일 일했다. 셋째 주부터 배달만 대행하는 ㄴ업체로 옮겨 오전 11시부터 밤 11시까지 하루 12시간 주 6일을 일하던 중 5월 9일 사고를 당했다. 4주 예정이었던 '위장취업'은 사고 탓에 3주째에 막을 내려야 했다.

배민라이더스·푸드플라이·바로고 등 배달대행업체에 속한 기사들은 건당 3000원 안팎의 수수료를 받는다. 배민라이더스·푸드플라이는 자체 앱에서 주문까지 받고, 바로고·생각대로 등은 위탁계약을 맺은 업장에서 들어온 배달 의뢰만 대행하는 구조다. 수수료는 거리에 비례했다. 내가 처음 일한 ㄱ업체에서는 음식점과 배송지 거리가 500m 늘 때마다 500원 정도 배달료를 더 받았다. 거리는 직선거리로 쟀다. 실제 달리는 거리를 가장 짧게 뚫어야 조금이라도 시간을 아낄 수 있었다.

구인·구직 사이트에서 '배달 대행'을 검색하니 700여 건이 떴다. 서울 지역으로 한정하면 320여 건이었다. 지리가 가장 익숙한 마포·서대문 인근에서 일자리를 구하기로 했다. 업체들은 '월 500만 원 이상 가능', '월 400~600만 원' 등 고수익을 내걸었다. 배달 경험이 없는 나는 ㄱ업체, ㄴ업체 세 개 지사, ㄷ업체, ㄹ업체 등 여섯 곳에서 면접을 봤다. 전화한 당일에 세 곳, 다음 날 세 곳. 여성 라이더가 거의 없어 구직이 어려울지 모르겠다는 우려는 기우였다. 면접에서 일할지 말지 결정하는 건 구직자였다.

면접은 배달 물량이 가장 적은 오후 2시에서 5시 사이에 이뤄졌다. 여섯 곳 모두 "얼마나 일할 거냐"고 물었다. 나는 "2개월 정도요"라고 답했지만, 개의치 않는 눈치였다. ㄱ업체 본부장은 내가 출근한 첫날 "여기 있는 사람들이 오래 일할 거라고 생각하지 않는다"고 말했다. 여섯 곳 중 산재보험에 가입되는 곳은 세 곳뿐이었다. 그나마 두 곳은 원치 않으면 가입하지 않아도 된다며 '(배달기사 몫의) 수익을 늘리는 팁'까지 말해줬다. 처음 일했던 ㄱ업체는 산재보험 가입 사실을 동영상까지 보여주며 강조했다. 반면 3주째에 근무지를 옮겨 일하다 사고가 났던 ㄴ업체 ◇◇지사는 아예 산재보험에 가입하지 않았다.

액정을 두드려라, 콜을 잡을 것이니

"띵동" "띠, 띠, 띵동" ㄱ업체 사무실에 달린 스피커에서 알람이 울렸다. 고객이 앱으로 음식을 주문했다는 뜻이다. '띵동' 두 음절이 끝나기 전에 새로운 주문이 밀고 들어왔다. 사무실에서 헬멧을 벗어둔 채 콜을 기다리던 기사들의 손가락이 일제히 휴대전화 액정을 향했다.

"에이~ 쓰레기네." 일할 땐 연애를 하지 않는다는 승민(27) 님(남성이 많은 배달 대행업계에선 동료들끼리 '님', '형님' 등의 호칭을 썼다)이 말했다. '40대 초반' 동훈 님이 되받았다. "쓰레기가 어디 있어? 그냥 다 잡는 거지." 그러자 승민 님은 "태평로 쓰레기, 충정로 쓰레기잖아요"라고 했다. 마포구 전역과 신촌·창천 등이 주요 배달지인 ㄱ업체 라이더들은 용산과 충정로 배달을 '쓰레기'로 불렀다. 그 지역은 계약된 업장이 적어서 한 번 가면 빈손으로 돌아와야 한다. 건건이 수수료를 받는 '성과급' 라이더는 계약 업장이 적거나 외진 곳을 꺼릴 수밖에 없었다.

대신 기사들은 저마다 '전공 구역'이 있었다. 여기저기 널뛰기하다 보면 길바닥에 시간만 버리기 때문이다. 라이더들은 각 구역 베테랑들을 '○○의 아들'이라 불렀다. '창전의 아들' 광연(34) 님은 건물이 낮고 업장이 많은 창전·서교 일대가 주 무대다. 아파트와 고층빌딩이 많은 공덕동 일대는 기피 지역이다. 아파트 단지는 지하 주차장을 이용해야 하는데, 엘리베이터를 놓치기라도 하면 5분이 훅 지나간다.

쓰레기 아닌 콜을 잡으려면 알람 소리가 나지 않아도 휴대전화 액정에서 손을 떼면 안 됐다. 운행 중에도 한 손은 휴대전화에 올려둔다. 휴대전화 액정을 매크로 돌리듯 두드려야 '코스'에 맞는 콜을 잡을 수 있다. 코스를 짜는 일은 생각보다 어렵다. 이를테면 업장이 많은 창전동 일대에서 배달 음식을 '픽업-픽업-픽업'해 주거지역인 서교동과 연남동 등에 순차로 '뿌리는' 게 잘 짠 코스다. '픽업-배송-픽업-배송' 순으로 배달하면 하루 20개도 '칠' 수 없다. 적어도 '픽-픽-픽-배-배-배'는 해야 12시간에 50개 정도를 칠 수 있다. 이렇게 배달하면 건당 3000원 남짓 수수료로 하루 15만 원, 주 6일 90만 원, 한 달이면 360만 원을 벌어갈 수 있다. 나는 3주 가까이 일하는 동안 183개를 쳤고, 110만 5000원을 벌었다. 마지막 날 사고 탓에 수리비로 22만 원을 썼고, 산재보험에 가입되지 않아 치료비도 개인적으로 부담했다.

'공덕의 딸'이 되긴 힘들었다

나보다 한 달 먼저 ㄱ업체에 들어온 민준(31) 님이 물었다. "누나, 그 핸드폰으로 앱이 구동돼요?" 2년 전 13만 원에 산 보급형 안드로이드폰을 두고 한 말이었다. 민준 님은 들어온 지 2주 만에 휴대전화를 최신형으로 바꿨다. 본부장이 옆에서 거들었다. "배달 일 하면서 휴대전화 파는 일을 투잡으로 하면 돈 잘 벌걸?" 속도가 느려 버벅

거리거나 종종 앱이 중단되는 구식 휴대전화로는 콜을 잡을 수가 없다.

ㄱ업체는 오전 9시부터 자정까지 들어온 주문을, ㄴ업체는 오전 11시부터 새벽 2시까지 들어온 주문을 배달했다. 알람이 터지는 시각은 평일과 주말이 다르다. 평일엔 오전 11시 30분부터 낮 12시 30분까지가 콜이 가장 많았다. 오후 1시가 넘어가면 주문 목록에 콜이 네 개 이상 쌓이지 않았다. 알람이 울려 휴대전화를 보면 이미 누군가 콜을 채 가서 목록에 없었다. 다시 저녁 6시부터 8시까지 주문이 쏟아졌다. 주말엔 오전 9시부터 바쁘다. 오전 10시 30분이 지나면 알람 소리에 내비게이션 안내 목소리가 제대로 들리지 않을 정도였다.

앱을 켜면 화면은 세 등분이다. 주문 목록, 배차 목록, 완료 목록. 고객이 주문한 리스트가 주문 목록에 뜨면 기사가 콜을 잡는다. 잡은 콜은 배차 목록에 쌓인다. 배차 목록에 있던 주문들은 고객이 음식을 받아들면 배달 목록으로 넘어간다. 콜을 잘 잡는 요령은 없다. 그저 소리가 들리기도 전에, 앱에 주문이 뜨기도 전에 액정을 전투적으로 두드리면 된다. 콜을 받는 위치를 계속 두드리면 남들이 콜을 잡기 전에 내가 먼저 잡을 수 있다. 하루 평균 50개를 치는 '용산의 아들' 준헌 님은 왼손엔 햄버거를 손에 쥐고, 오른손으론 액정을 연타로 두드렸다. 과연 손은 눈보다 빨랐다.

5월 9일 낮 12시 55분, 다른 음식을 배달하는 중에 공덕동의 한

떡볶이집에서 800m 거리에 있는 아파트로 콜이 떴다. 이른바 '개꿀콜.' 오토바이 속도를 줄이며 한 손으로 부리나케 주문 내역을 터치했다. 화면에 '다른 기사님이 먼저 배차 받으셨습니다' 지각 메시지가 떴다. 콜을 잡기 위해 오토바이 속도를 줄이는 짧은 시간도 허락되지 않았다. '용산의 아들'은 아무나 되는 게 아니었다. 나는 '공덕의 딸'이 될 수 없을 것 같았다.

프리하지 않은 프리랜서

배달대행업체들은 기사들과 위탁계약을 맺는다. 배달기사는 엄격히 따져 모두 '개인사업자'인 것이다. 하지만 업체들은 라이더에 대한 실질적인 통제권을 행사했다. ㄱ업체와 ㄴ업체 기사들은 '출근'을 하면 업체가 만든 배달 앱을 켠다. 앱에 로그인 하는 순간 출근 확인이 된다지만, 실제론 사무실에 들러 본부장에게 얼굴 도장을 찍거나 출근카드를 단말기에 찍는 방식으로 출근 확인을 했다. ㄱ업체는 무단결근 3회 시 '퇴사'라는 규칙이 있었다. ㄴ업체는 무단결근 시 벌금 20만 원, 지각은 30분까지 2만 원, 30분이 넘어가면 30분당 1만 원씩 추가됐다. ㄴ업체 ○○지사 사장은 면접 때 내게 "대행 개념이지만 직원 개념이다"라는 알쏭달쏭한 말을 했다.

"식사하겠습니다." 주문이 잦아드는 오후 2시께가 되면 ㄱ업체 라이더들의 단톡방에 글이 올라온다. 오전 9시 출근자인 광연, 이지우(33) 님이었다. 30분이 지나자 "식사 끝났습니다"라는 메시지가 왔다. ㄱ업체에서는 오전 9시 출근자부터 30분 간격으로 밥을 먹는다. 오전 11시 출근인 나는 오후 3시가 점심시간이었다. 밥을 먹고 콜이 없어 사무실에서 쉬고 있는데, 본부장이 "수경 님, 왜 콜 안 잡아요?"라고 눈치를 줬다. 주문 목록에 서교동 ▽▽음식점에서 도화동으로 '스떼끼라이스'를 배달해달라는 주문이 하나 떠 있었다. 주로 공덕·염리·도화·상수동 안에서만 콜을 잡던 나는 할 수 없이 서교동까지 갔다. 오전엔 ㄱ업체에서, 오후엔 햄버거 가게에서 '투잡'으로 배달일을 하는 50대 경수 님이 옆 소파에 앉아 꾸벅꾸벅 졸았다. 본부장이 경수 님을 보더니 "대박"이라고 말하며 헛웃음을 지었다. 지우 님이 사무실에서 점심을 먹지 않는다고 한 이유를 새삼 느꼈다. "콜이 없을 땐 편하게 쉬어도 된다"는 말은 면접 때가 아닌 '꿈에서' 들은 것 같았다.

배달기사들은 스스로 "(프리랜서라) 내가 편한 시간에 일할 수 있다"는 게 장점이라고 말하곤 했지만, 그 말은 '콜이 없을 때'에만 유효했다. 배달이 많은 '금토일'은 무조건 일해야 했다. 대신 평일 하루를 지정해 쉬다. 민주 님은 동생 사업을 돕기 위해 수요일이 아닌 일요일에 쉴 수 있느냐고 본부장에게 물었다가 퇴짜를 맞았다. 쉬는 수요일이 하필 '빨간날'이던 날, 경수 님은 본부장의 "나오라"는 한마디에 휴일을 반납했다. 한국노동연구원 조사(2016)를 보면, 배달대

배달대행업체 기사와 전체 근로자 월평균 소득액

자료 : 한국노동연구원(2016), 경제활동인구조사 부가조사

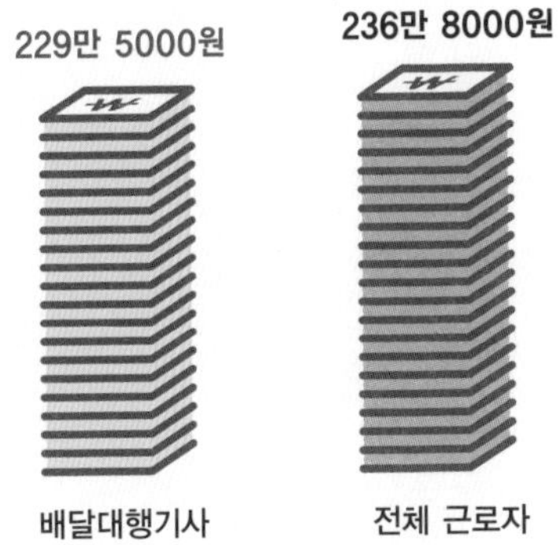

배달대행기사 주당 평균 노동시간

자료 : 근로복지공단(2016), 취업포탈 잡코리아(2017)

※ 하루 평균 배달 건수 : 주중 30.7건, 주말 40.1건
※ 1건당 평균 수수료 : 3011원

배달대행기사 배달 음식점 고르는 방법

자료 : 근로복지공단(2016)

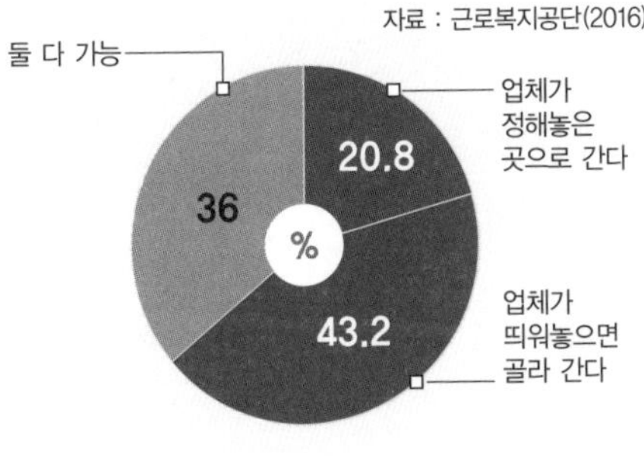

행업체 직원 89%가 "매 주말 일한다"고 답했다. "출·퇴근 시간이 정해져 있다"는 응답은 73%, "출근시간만 정해져 있다"는 응답은 9.1%였다. "스스로 정한다"고 답한 경우는 17.8%에 그쳤다.

내 사장님은 누구일까

컴퓨터 한 대와 모니터 둘, 기사들이 라면을 끓이는 데 주로 쓰는 정수기, 전자레인지. 배달대행업체 사무실은 이렇게 단출했다. 딱 한 대 있는 컴퓨터는 '관제'(사무실)를 보는 사람들의 것이다. 관제는 배달·주문 앱을 통해 실시간으로 전송되는 배달기사들의 위치를 확인하고, 콜이 쌓이지 않도록 필요할

때 강제로 콜을 배정하는 등의 업무를 말한다.

관제를 보던 ㄴ업체 사장은 "콜이 없을 땐 어디에서 대기해도 괜찮아요. 대신 '나와바리'(배달 구역) 안에서만. 망원 이런 데 가 있으면 안 되고"라고 경고했다. 배달기사는 프리랜서라는데 관제는 내가 배달을 하는지 안 하는지, 어디에 있는지 모두 알고 있었다. 주문이 없는 시각, 민준 님에게 "커피나 마시자"고 연락했다. 민준 님은 "관제에서 어디 있는지 다 본다"며 거절했다. 일이 없는 시간에도 본사 눈치를 보는 '개인사업자'라니.

사고 전날인 5월 8일, 염리동 ▷▷김밥집 음식을 주문한 101동 고객의 집에 43분 만에 도착했다. 헐레벌떡 현관문 벨을 누르려는 순간, 업장에서 전화가 왔다. 김밥집 사장님은 대뜸 "어디냐"고 물었다. 배달이 늦는다는 항의를 받았다고 했다. "죄송합니다. 문 앞입니다"를 연발한 뒤 벨을 눌렀다. 노란 잠옷을 입고 나온 남성의 표정에 짜증이 가득했다. 일주일 전 바꿨다는 카드 단말기가 말을 듣지 않았다. 현금 결제가 가능한지 공손히 물었다. 결제 금액은 2만 2300원, 받은 현금은 5만 원권이었다. 거스름돈으로 건넬 동전 700원이 없었다.

"혹시 잔돈 있으세요?" 다시 공손히 물었더니, 고객이 "하~, 씨" 하며 고개를 천장으로 돌렸다. 바깥 기온이 16도로 떨어진 서늘한 날씨였는데 등줄기에 땀이 또르륵 흘렀다. "괜찮습니다. 그냥 두세요" 하고는 2만 2000원만 받았다. 배달료 3300원 중 수수료 300원을 뗀 3000원이 배달기사의 몫인데 그중 10%인 300원을 날린 것이다.

주문에서 배달까지 43분이 걸렸지만, 음식을 픽업해 배달하기까지는 17분이 걸렸을 뿐이었다. '개인사업자'인 나는 사장님일까, 노동자일까? 노동자라면 내 사장님은 배달대행업체 사장일까, 김밥집 사장일까, 그것도 아니면 노란 잠옷의 사나이였을까.

배달통은 뷔페, '살려야 한다'

기사들이 배달하는 음식은 치킨, 피자, 햄버거, 짜장면 등 매장마다 정해져 있다. 하지만 배달 대행 라이더들의 배달통에서는 점심·저녁 때마다 여러 음식으로 뷔페 상이 차려진다. 내 배달통에 처음으로 음식 두 개가 들어간 건 첫날 여덟, 아홉 번째 배달 때였다. 서대문구 창천동 ▽▽떡볶이의 2만 원짜리 차돌떡볶이 세트와 창천동 한 뚝배기집의 콩비지 계란말이 직화구이 2인 세트가 배달통에 실렸다. '픽업-픽업-배송-배송'의 첫 경험이었다. 두 번째 픽업할 뚝배기가 '조리 완료'됐다는 알림이 떴는데 떡볶이는 아직 한창 불맛을 입고 있었다. '뚝배기는 따뜻할 때 먹어야 하는데….' 떡볶이를 기다리면서 발을 동동 굴렀다.

5월 6일 저녁 7시께, 배달통에서 파티가 벌어졌다. 육개장·라면·광어초밥·막회·등심스테이크 등 한·일·양식 식당 네 곳의 음식이 배달통에 차곡차곡 쌓였다. 음식이 많아지면 액셀을 당기는 오른손에 힘이 들어갔다. 면 요리는 받자마자 뛰어야 한다. '면이 불면 안 된다, 불면 안 된다, 살려야 한다….'

ㄱ업체는 배달 주문을 한 번에 4개까지 잡을 수 있다. '픽픽픽픽·배배배배'가 한계라는 뜻이다. 주문이 많은 일요일엔 신청자에 한해 5~6개까지 열어줬다. 대신 배달이 지연되면 책임은 기사가 진다는 조건이 붙었다. '서교의 아들', '창전의 아들' 등 각 구역의 '아들'들이 손을 들었다. ㄱ업체 본부장은 "ㄹ업체에서 사망 사고 두 건이 있었어. 우리는 잡을 수 있는 콜 수를 제한했는데, 거기는 열 개고 열다섯 개고 잡을 수 있었기 때문이야. 콜 수는 열어줄 텐데 조심해야 돼"라고 말했다.

그나마 제한을 뒀던 ㄱ업체와 달리 내가 두 번째로 근무한 ㄴ업체에는 콜 수 제한이 없었다. 그곳에서 만난 배달기사 김근식(21) 님은 한 번에 8개까지 잡아봤다고 했다. '픽픽픽픽픽픽픽픽·배배배배배배배배' 타자를 치는 것만으로 숨찬 그 어려운 일을 해내고 만 것이다. "두 시간 동안 스무 개까지 쳐봤어요." 근식 님은 뿌듯한 듯 말했다.

경험이 조금씩 늘면서 나도 '코스'를 잘 짜고 싶다는 욕구가 생겼다. 콜당 수수료를 받는 수익 구조, 배달기사들의 경쟁, 빠른 배달을 원하는 고객과 업장, 어느덧 익숙해진 오토바이 스피드까지 '온 우주의 기운'이 한쪽을 가리키기 시작했다. '칼치기' 운행을 하는 나

자신을 발견한 게 이 무렵이었다. '역주행하지 말자', '신호를 지키자', '인도로 달리지 말자'…. '위장취업' 시작 때 스스로 다짐한 운행 수칙이 서서히 무너졌다.

도로 위 '미운 오리 새끼'

"야, 이 새끼야, 배달이 차로 하나 잡고 달리면 어떻게 해. 갓길로 가~." 4월 25일 도화동 업장에 김밥을 픽업하려고 직진 차로에서 신호를 기다리던 중이었다. 검은색 에스엠(SM)5 운전자가 내가 있는 차로 쪽으로 끼어들기를 하더니 소리를 빽 질렀다. 같은 날 저녁, 맨 끝 차로로 달리며 이화여대에 배달하러 가는 길엔 갈색 스타렉스가 뒤에서 경적을 울리더니 속도를 높여 왼쪽 차로로 바짝 다가왔다. 보조석에 앉은 50대 남성이 손가락을 흔들며 "갓길로 다녀~" 하고 이죽거렸다.

깜빡이를 켜고 차로를 옮기려고 하면 뒤에 따라오던 자동차는 되레 액셀을 더 세게 밟았다. 배달 첫날 세 번째 픽업지인 서교동 초밥집으로 가는 길에 주유소에서 기름을 넣고 도로로 나왔다. 차량이 적은 오후 1시께였다. 뒤 차량의 위치를 확인하고 좌측 깜빡이를 켜고 유턴 차로 쪽으로 들어가는데 갑자기 뒤에서 속도를 낸 미니쿠퍼가 '빵~' 하면서 오토바이 옆을 약 20cm 차이로 지나갔다. 하늘색 미니쿠퍼 뒤꽁무니를 향해 "××새끼가 운전 한번 ××같이 하네"라고 나도 모르게 욕설이 튀어나왔다. '어머, 내가 이런 욕을?' 놀란 것도 잠시, 미니쿠퍼가 사이드미러로 내 입 모양을 봤길 바라고 있었다.

닷새 뒤에도 비슷한 상황을 겪었다. 사이드미러로 뒤차와의 거리를 확인하고 2차로에서 1차로로 3분의 1 이상 들어섰다. 1차로에 있던 흰색 티볼리가 경적을 울리지도 않고 속도를 내더니 내 오토바이를 앞지른 뒤 차로를 직진 차로인 2차로로 옮겼다. 급하게 브레이크를 잡은 뒤 1차로로 진입하고 보니, 빨간 신호등이었다. 2차로에 정차해 있는 티볼리 옆으로 오토바이를 세운 뒤 운전자를 째려봤다. 마스크를 착용하고 있어서 입 모양이 보이진 않았겠지만, "××, 운전 더럽게 하네" 하고 내뱉었다. 좌회전 신호가 켜져 유턴을 하려는데 티볼리 운전자가 창문을 내리더니 "뭐 이 ×새끼야" 소리를 질렀다. 혹시나 쫓아올까봐 대거리하지 못한 게 두고두고 후회됐다. '깜빡이 못 봤어? 눈은 대체 어디다 두고 운전하는 거야?'라고 따졌어야 했다.

'내가 대체 뭘 잘못한 거지?' 이런 위협 운전은 배달기사가 아닌 기자로 개인 오토바이를 타고 출퇴근할 때는 전혀 겪지 않았던 일이었다. 어떤 오토바이에 어떤 옷을 입었는지에 따라 달라지는 운전 매너에 신물이 났다.

현석동에 스파게티를 배달하러 가던 5월 5일, '할리데이비드슨'

을 탄 무리들이 일렬로 1차로를 달리고 있었다. 자동차들은 조용히 그 뒤를 따랐다. 내 배달 오토바이도 조용히 할리데이비드슨 무리의 맨 뒤에 따라붙었다.

'비 오는 일요일'의 악몽

5월 6일, 비 오는 일요일이었다. 출근 한 시간 전부터 로그인한 앱에서 '띵동 띵동' 주문이 폭주했다. 오전 11시, 출근해서 보니 주문 목록에 콜이 20개 정도 쌓여 있었다. 카드 단말기와 현금 결제 때 거슬러줄 잔돈 5만 원이 든 꾸러미를 비옷에 욱여넣고 나섰다. 관제를 보는 본부장도 쉬는 날엔 배달에 나섰다. 두 번째 빗길 운전이라 처음보다 여유가 있었지만 빗줄기가 점점 굵어졌다. 빗물이 자꾸 인중을 타고 입 안으로 들어왔다. 짭짤한 것을 보니 콧물도 섞인 모양이었다. 눈을 보호하는 헬멧의 실더를 내리니 앞이 잘 보이지 않았다. 미끄러운 도로여서 핸들을 꽉 쥐어야 하지만, 왼손은 와이퍼 노릇을 할 수밖에 없었다. 왼손 와이퍼가 소용이 없어 실더를 올리면, 크지도 않은 눈으로 빗물이 쏟아져 들어왔다. 비옷을 챙겨 입었는데 바지 엉덩이께가 축축했다. 손가락 마디는 물에 불어 쪼글쪼글해졌다.

배달기사들이 가장 좋아하는 날은 휴일이다. 평일보다 콜이 많기 때문이다. 기사가 된 뒤 첫 주말인 4월 28일 토요일, 오전 9시부터 끊이지 않고 알람이 울렸다. ㄱ업체의 경우 평일에 15명 정도, 주말은 25명 정도가 배달에 투입됐다. ㄱ업체 본부장은 "주말 주문이 평일보다 1.5배 정도 많다"고 했다.

배달기사들이 싫어하는 날은 '볕 좋은 휴일'이다. 주말에 바짝 벌어야 하는데 사람들이 죄다 야외로 놀러 나가기 때문이다. 동훈 님은 "미세먼지 많은 날", "눈 오는 겨울"이 좋다고 했다. '비 오는 휴일'은 애매했다. 주문은 많지만, 대신 미끄러운 빗길이 위험했다. 도로를 내달리지 못하니 콜 치는 개수가 아주 많지는 않다. 준헌 님은 "비 오는 날은 팬티까지 젖어서 싫어"라고 말했다.

5월 6일은 '운수 좋은 날'이 될 뻔했다. 도화동 ○○샌드위치 주문이 세 건이 떴다. 목적지는 공덕·대흥·상수동. 도화동에서 픽업해 '공덕–대흥–상수'로 가는 코스를 짜고 후다닥 콜을 잡았다. 주문이 열여덟 건이나 밀려 있어 짤 수 있는 코스였다. 그런데 그 좋은 코스가 아직 목록에 남아 있던 이유가 따로 있었다. 잡고 보니 모두 현장에서 카드 결제였다. 비 오는 날 현장 카드 결제는 '쥐약'이다. 젖은 손으로, 젖은 비옷에서 축축한 카드 단말기를 꺼내 카드를 긁어야 한다.

처음으로 비 오는 날 배달을 했을 때 카드 단말기에 빗물이 들어갔다. 용지가 흠뻑 젖어 다 달라붙었다. 카드를 긁으니 '용지 부족'이라는 메시지가 떴다. 현금 결제에서는 더 최악의 일이 생겼다. 1만

3800원짜리 현금 결제를 주문한 고객이 1만 5000원을 줄 거라고 예상하고 거스름돈 1200원을 미리 빼놨다. 고객은 정확하게 1만 3800원을 줬다. 엘리베이터를 놓칠세라 급하게 돌아서던 순간, 미리 준비한 동전과 고객이 준 동전이 아파트 복도를 뛰어다녔다.

비 오는 날의 여신님

5월 6일은 16일 동안 배달기사로 일하면서 가장 많은 콜을 친 날이다. 평소엔 점심시간인 오후 3시까지 평균 8개 정도 배달했는데, 이날은 오후 4시 반까지 15개를, 저녁 9시까지는 27개를 쳤다. 시간당 평균 3개 이상 배달한 셈이다. 화장실에 두 번 가고, 2500원짜리 편의점 김밥과 사무실에서 제공하는 라면을 40분 동안 먹은 걸 제외하면 온종일 달렸다.

주문이 폭주한다고 해서 폭주하듯 운전할 수는 없다. 아직 운전이 미숙한 내게 도로는 빙질이 불균질한 저수지 얼음 같았고, 지하 주차장은 표면을 잘 고른 아이스링크 같았다. 같은 업체 동료 기사를 도로에서 만나도 인사할 여유조차 없이 차선에만 집중하는 내게 승민 님은 "경주마 같다"고 놀렸다. 선배 기사들은 내게 "비 오는 날엔 차선과 맨홀을 밟지 말라", "주차장에서는 기어가듯 양발을 바닥에 대고 천천히 타라"고 조언했다.

비 오는 날 슬립(미끄러짐)은 배달기사라면 누구나 겪는 일이다. 첫 우중 배달을 했던 5월 2일 그런 경험을 했다. 연세대학교 광복관의 한 교수에게 뚝배기를 배달하고 동문 쪽 △△쌀국수에 가야 했다. 내비게이션은 남문을 빠져나와 성산로를 지나 동문으로 가라고 지시했지만, 신호등이 없는 연세대 안 일방통행로를 거쳐 동문으로 빠져나왔다. 동문에서 나와 □□□돼지불백 앞 내리막길을 지나야 했다. 경사가 워터슬라이드처럼 가파른데다 급우회전을 해야 해 맑은 날도 조심해야 한다. '코너링이 좋아 운전병에 뽑혔다'는 어떤 고위공직자의 아들이 와도 쉽지 않을 코스였다. '조심조심, 천천히'를 반복하며 브레이크를 살짝 잡았다 풀어가며 크게 우회전하려는데, 직진 차량이 빠르게 다가왔다. 급브레이크를 잡고 그대로 바닥에 미끄러졌다.

"쿠과광. 쿵. 쿵." 배달통이 열리고, 통 안에 있던 에어캡, 생수통, 거치대에 매단 휴대전화가 바닥을 굴렀다. 배달 음식이 없었던 게 다행이라면 다행이었다. 내리막길인데다 도로까지 미끄러워 오토바이를 세우기 어려웠다. 직진하던 차량은 창문을 내리고 내 상태를 보더니 그냥 지나쳤다. 무거운 오토바이 머리를 20cm쯤 들었다 놓기를 반복하고 있을 때 흰 재킷을 입은 여성이 다가와 "도와드릴게요"라고 말했다. 오, 나의 여신님이여.

ㄱ업체에서 기사들에게 지급하는 오토바이는 대부분 6~7만 km 이상 달린 오토바이였다. 잔고장이 잦아 2주일 동안 정비소를 세 번 찾았다. 운행 중간에 시동이 꺼지곤 하던 '548×' 오토바이는 기사들의 기피 1순위였다. 내가 탄 '617×' 오토바이는 상대적으로 주행거리가 짧은 5만 km대였는데도 시속 40km가 넘는다 싶으면 핸들이 흔들렸다.

4월 29일, 날 좋은 일요일 정오께였다. 신촌 ○○○○병원으로 햄버거 4개와 감자튀김 2개, 음료 3개를 싣고 달렸다. 관제가 강제 배차한 노고산동 ◁◁버거에서 10분 전에 픽업했다. 도로 양옆 이팝나무의 흰 꽃과 초록잎이 바람에 섞여 연둣빛으로 살랑거렸다. 신촌 지하철역을 지나 기차역 쪽으로 좌회전하기 위해 신호를 기다렸다. 혹시 무리하게 끼어드는 차량이 있나 싶어 오른쪽 사이드미러를 확인하려는데, 미러가 뒤로 휘어져 뒤 차가 보이지 않았다. 사이드미러를 조정하려고 목 부분을 잡고 움직이던 중 '툭' 하고 부러졌다. 손아귀 힘이 달려 콜라 뚜껑도 제대로 못 열고, 그때마다 '연약한 척한다'며 지탄을 받았는데….

어쩔 줄 모르는 사이, 좌회전 신호가 들어왔다. 오른쪽 사이드미러가 사라진 건 둘째치고, 부러진 사이드미러 조각을 왼손에 들고 그대로 달려야 했다. 배달통에 자리 잡은 햄버거 말고도 투썸◇◇

◇◇ 신촌점과 코코◎◎◎ 홍대점에서 '조리 완료'된 주스와 커피가 나를 기다리고 있었다.

아무리 배달이 많은 일요일이어도 사이드미러도 없이 남은 9시간을 운전할 순 없었다. 관제에 상황을 전달했다. 병원 배달을 마치고 사무실로 복귀해 '548×' 오토바이로 갈아타라는 지시가 내려왔다. '548×' 오토바이에는 휴대전화 거치대가 없었다. 출퇴근 때 타고 다니는 내 개인 오토바이에 달린 거치대를 빼서 달았다. 크기가 맞지 않아서 덜렁거렸다.

이날 일을 웃으며 이야기했더니 준헌 님과 민준 님도 비슷한 경험이 있다고 했다. 하지만 이들은 태평했다. 준헌 님은 "관제에 얘기하긴 했는데, 관제가 '어차피 사이드미러 잘 안 보잖아요'라고 하더라고요"라고 대수롭지 않게 말했다. 흔들리는 두 바퀴는 불안한 삶을 싣고 달렸다.

두 번째
이야기

죽음의 '전투콜'

5G 기술이 적용된 드론 1218개가 평창 밤하늘에 오륜기를 그려낼 만큼 기술이 진화했기 때문일까. 이기재(46) 님은 두 달 전 중국집에서 플랫폼 배달대행업체로 소속을 변경했다. '배달의 꽃'이었던 중국집 배달원 생활을 10년 넘도록 한 뒤였다. 20년 전 고향 대구에서 도망치듯 서울로 올라온 기재 님은 숙식을 해결하려 서울 강남의 한 갈빗집에서 오토바이 핸들을 잡았다. 그때나 지금이나 배달은 구하기 쉬운 일 가운데 하나였다.

'잘나가던 때'도 있었다. 기재 님은 20대 중반 대구에서 자동차 판매 영업사원으로 돈깨나 벌었다고 한다. 고객의 비위를 맞춰가며 2년 동안 악착같이 모은 돈으로 향수 가게를 차렸다. '사장님'이 되자 마음이 풀어졌다. 생업은 뒷전이었고 술집을 들락거렸다. 2년 만에 가게를 접었다. 기재 님이 무일푼으로 서울에 올라온 이유다.

'누가 이런 놈이랑 결혼해줄까.' 결혼은 팔자에 없는 일이라고 생각했다. 혼자 살던 몇 년 전, 맘에 맞는 여성을 만났다. 세 딸까지 다섯 가족이 됐다. 중국집에선 한 달에 네 번 쉬고 하루 12시간씩 배달해 월 230만 원 정도를 손에 쥐었다. "가게 주인도 힘드니까…." 기재 님은 야근수당 같은 건 받을 수 있다는 생각 자체를 못 했다.

어느 순간 배달대행업체가 우후죽순 생기더니, 주변 가게들이 배달원을 고용하는 대신 배달대행업체와 계약을 맺었다. 배달원들이 하나둘 중국집을 떠나 배달대행업체로 향했다.

기재 님이 버는 230만 원으론 다섯 식구가 살기에 빠듯했다. 보건복지부가 발표한 2017년 대도시 5인 가구의 최저생계비는 224만 8413원이다. 1년 동안 중국집 배달이 끝난 뒤 3~4시간 동안 내가 근무했던 ㄴ배달대행업체에서 투잡을 뛰었고, 지난 5월 1일부턴 아예 배달대행업체로 전업했다.

기재 님은 ㄴ업체에서 오전 11시부터 일했다. 다른 사람들은 하루 12시간 일하지만, 기재 님은 자정이건 새벽 1시까지건 콜이 있으면 일을 계속했다. 주 6일도 모자라 딱 반나절 쉬었다. 반나절은 뭔가를 할 수 있는 시간이 아니다. 밀린 잠을 잘 수 있는 정도다. 기재 님은 "일하는 만큼 비니까" 그냥 일한다고 했다. 기재 님은 네 살배기 딸이 뒤집기와 배밀이를 하는 순간, 탁자를 붙잡고 일어선 순간, "아빠빠빠"라고 처음 말한 순간들을 함께하지 못했다.

하루 13~14시간씩 일하는 기재 님은 '반좀비' 상태다. 퇴근하면

멍하니 있다가 겨우 5~6시간 잔다. 기재 님의 삶의 목표는 "돈, 돈, 돈 벌기, 딸 셋 잘 키우기"뿐이다. 아직 40대 중반이지만 치아가 안 좋아 점심은 빵으로 때운다. 체력이 떨어지면 오토바이를 세워두고 공원에서 잠시 눈을 붙였다가 다시 콜을 잡는다. 이렇게 '반좀비' 생활을 하다 보니 중국집에서 일할 때보다 한 달에 100만 원가량 더 번다. 기재 님은 "좀 더 일찍 배달 대행으로 넘어올걸 그랬다"고 했다. 기재 님의 하루 평균 오토바이 주행거리는 300km가 넘는다.

'6×12=72'

배달기사들은 보통 하루 12시간씩 주 6일을 일한다. 72시간. 법정 노동시간인 주 40시간의 두 배에 가깝다. 그마저도 제시간에 퇴근하는 법이 없다. 콜 수에 따라 수입이 결정되는 단순한 급여 체계는 배달대행업체 기사들의 몸을 하루 내내 아슬아슬한 두 바퀴 위로 밀어낸다.

내가 배달기사로 일한 ㄱ업체와 ㄴ업체 모두 근로 개시 시점을 본인이 선택할 수 있도록 했다. ㄱ업체에서는 '주 5일·6일', '하루 10시간·12시간'을 선택할 수 있었지만, 본부장은 내게 "다들 하루 12시간씩 주 6일 동안 일한다. 일하는 만큼 벌어 가니까"라며 은연중 장시간 근무를 유도했다. ㄱ업체에서 나를 제외한 유일한 여성 기사였던 지우(33) 님은 "언니, 주 6일 하지 마. 나는 꼭 해야 하는 줄 알고 했는데 너무 힘들어. 입술 터진 게 몇 주째 안 나아"라고 말했다. ㄴ업체는 파트타임을 제외하면 무조건 '하루 12시간, 주 6일' 근무를 하도록 했다. 근로복지공단 조사(2016)를 보면, 배달기사의 하루 평균 노동시간은 10.6시간, 주 평균 근무일은 6일, 주당 평균 노동시간은 63시간에 달했다. 취업 포털 잡코리아가 지난해 직장인을 대상으로 조사한 주당 평균 노동시간(53.2시간)보다 10시간이나 많다.

2015년 11월부터 ㄱ업체에서 일한 김기동(42) 님은 지난 5월 초 3년 만에 처음으로 일주일 동안 '장기 휴가'를 떠났다. 배달대행업체 기사들은 개인사업자로 분류되기 때문에 휴일수당은 물론 여름휴가도 없다. 기동 님은 오전 10시부터 밤 10시까지 하루 12시간 주 6일 동안 일한다. 교회에 나가려고 일요일에 쉬고 싶었지만 회사는 휴일에 콜이 많다며 허락하지 않았다. 대신 일요일엔 오후 2시 반부터 근무할 수 있도록 '배려'했다.

기동 님은 퀵서비스를 15년 정도 하다가 ㄱ업체로 넘어왔다. 군에서 제대하고 처음으로 한 일이었다. 당시 서울 도심의 무역회사에서 김포공항으로 송장을 보내는 퀵서비스 업체 중 한 곳에서 일했다. 마포구 서교동 인근에서 번성하던 퀵서비스 업체들은 인천국제공항이 생기면서 서서히 자취를 감췄다. 기동 님의 일자리가 불안정해졌다. 엎친 데 덮친 격으로 비 오는 날 운행하다 사고가 났고 팔이 부러졌다. 몇 달 동안 일을 할 수 없었다. 아내와 불화가 생겼고, 아내는 초등학교 5학년이던 딸과 다섯 살 아들을 데리고 친정인 제주로 떠났다. 그 뒤 아이들의 얼굴조차 보지 못했다는 기동 님은 지난 5월 휴가를 받아 중학생이 된 딸과 초등학생이 된 아들을 만나러 제주로 갔다.

"하아, 동화책 전집 30만 원 주고 샀대"

"남북 정상의 만남이 이뤄졌습니다. 군사분계선에서 악수를 나눈 두 정상은…." 4월 27일, 라디오에선 역사적인 남북정상회담을 생중계하고 있었다. 사무실 밖에서 통화를 마치고 들어온 광연(34) 님이 한숨을 푹 쉬며 말했다. "동화책 전집을 30만 원 주고 샀대. 대체 콜을 몇 개 잡아야 하는 거야." 광연 님에겐 눈에 넣어도 아프지 않은 한 살, 다섯 살짜리 딸이 있다.

대학에서 세무경영을 전공한 광연 님은 경기도 포천에서 유통회사에 다녔다. 회사는 얼마 지나지 않아 문을 닫았다. 이후 화곡동에 본사가 있는 인형뽑기기계 관리 회사에 입사했다. 입사한 지 7~8개월 지났을 때 회사는 월급제에서, 관리하는 인형뽑기기계 수익에 따른 성과급제로 바꾼다고 통보했다. 동료 세 명과 함께 그만뒀다. 부모님이 운영하는 과일 가게에서 일하면서 투잡으로 배달 대행에 뛰어든 게 5년 전쯤이다. 배달 일은 익숙했다. 초등학교 때부터 부모님을 도와 과일 배달을 했었다. 중학생 땐 면허 없이 오토바이를 타고 동네에 과일을 날랐다. 그 시절엔 가능한 일이었다.

광연 님은 동네에 있던 '○○○콜'이라는 작은 배달대행업체에서 배달기사로서 첫발을 뗐다. 배달 콜비가 다른 곳보다 500원 적었지만 의리상 그냥 다녔다. 비 오던 어느 날 왕복 2차선인 오르막길을 올라가고 있었다. 봉고차 한 대가 내리막길에서 밀렸는지 중앙선을 넘어 역주행하며 튀어나왔다. 전치 5주 부상을 당해 병원에 입원했고, 그사이 회사가 문을 닫았다. 퇴원하고 이런저런 일을 찾다 ㄱ업체에 온 지 20개월이 됐다.

'창천의 아들'인 광연 님은 ㄱ업체의 전설이다. 그는 이제껏 3명밖에 없었다는 '하루 80개 배달'의 주인공이다. 광연 님은 지난해 여름 12시간 동안 무려 83개를 쳤다. 그날 종일 먹은 거라곤 붕어빵 4개가 전부였다. 그것도 배달을 마치고 픽업 가는 길에 인도에서 팔던 붕어빵을 2000원어치 사서 비닐봉지를 핸들에 걸어놓고 운전하면서 먹었다. 그날은 콜이 딱딱 맞아떨어졌다고 했다. "운이 따라줬지. 그런 날이 있어."

어린이날인 5월 5일, 사무실에 나온 광연 님은 "다음 주에 놀이공원에 가자"고 전화로 딸을 달랬다. "하루 10만 원 주는 데가 어디 있어. 힘들다고 생각하지 않으면 안 힘들어. 돈 못 벌어서 장난감도 못 사주는 것보다 낫잖아." 광연 님은 큰 눈을 끔뻑이며 말했다.

갈 곳 잃은 청년들

만만치 않은 취업 전선에서 활로를 찾지 못한 청춘들도 '배달의 기수'로 진로를 돌렸다. ㄱ업체에 들어오기 전까지 민준(32) 님과 준헌(26) 님은 주방에서 칼을 잡았다. 민준 님은 군에서 취사병으로 처음 주방 일을 배웠다. 2년이 지난 뒤 요리는 꿈이 됐다. 민준 님은 제대하자마자 송파구의 한 일식집에 취직했다. 회 뜨는 걸 처음 배웠다. 1년 정도 일하다가 아버지와 함께 치킨집을 차렸다. 처음 2년은 눈코 뜰 새 없이 바빴다. "대박 났다. 내 인생 이렇게 풀리는구나 싶었어요." 대박 날 줄 알았던 가게는 주변에 치킨집이 늘면서 매출이 뚝뚝 떨어졌다. 민준 님은 근처 햄버거 가게에서 배달 아르바이트를 하면서 치킨집 직원들 월급을 줬다고 한다. 그렇게 버티길 1년, 결국 창업 3년 만에 문을 닫았다.

30대 초반 나이에, 대학을 나오지 않은 민준 님에게 '취업'은 넘기 힘든 허들이었다. "나이가 많다." "아무래도 고졸은 좀…." 면접을 보는 족족 떨어졌다. 구직 사이트를 보다가 '월 500~600만 원 수익 보장'이라는 광고를 보고 무작정 ㄱ업체에 왔다. 광고만큼은 못 벌어도 주방에서 일하는 것보다 많이 번다. 민준 님은 음식을 픽업할 때면 업장의 메뉴판을 유심히 살핀다. "언제까지 배달할지 모르겠지만 평생 하고 싶진 않아요. 돈 모아서 내 가게를 내고 싶어요."

대학에서 조리학을 전공한 준헌 님은 호텔에서 일했다. 잠을 하루 3~4시간밖에 못 잘 정도로 바빴지만 일은 즐거웠다. 그런데 직장 동료이자, 함께 근사한 식당을 차리는 미래를 꿈꿨던 여자친구가 폐가 딱딱하게 굳어가는 폐섬유증을 앓다 떠난 뒤 주방에 들어가는 게 두려워졌다. 꿈을 잃었다는 준헌 님은 5년간 일해서 1억 원을 모으는 새로운 '꿈'을 정했다. 1억 모아서 뭘 할지는 아직 모른다고 했다.

배달 대행업체는 민준 님, 준헌 님처럼 불안한 청년의 미래를 먹고 자란다. 근로복지공단이 2016년 조사한 통계를 보면 알 수 있다. 배달 대행업체 기사의 32%가 만 24세 미만이다. 만 29세 미만은 47.7%로 절반에 가깝다. '고수익'을 내건 광고를 보고 뛰어든 청춘들은 안전 사각지대로 내몰린다. 김종진 한국노동사회연구소 부소장은 "배달 대행업체는 건당 수수료가 높고 쉽게 일자리를 구할 수 있어 10·20대 청년들이 몰린다. 하지만 장기 근속의 가능성이 낮고 사고의 위험성도 높으며 노동권 사각지대에 있다는 점에서 우려스럽다"고 말했다.

떠나고 싶은 사람들

이들 모두는 불안한 시간을 그저 견뎌낼 뿐이었다. 그래서 이들은 모두 두 바퀴로부터 자유롭고 싶어했다. ㄱ업체에 온 지 두 달 된 창교(44) 님의 집은 경기도 부천이다. 출퇴근하기엔 다소 멀어도 마포 일대 지리가 익숙해 ㄱ업체로 왔다. 창교 님은 지난 3월까지 서울의 한 프랜차이즈 햄버거 가게에서 6년 동안 배달을 했다. 회사는 지난 3월 초 서울 지역 10여 개 지점을 한꺼번에 폐쇄했다. 창교 님이 일하던 지점도 포함됐다. 일자리를 잃은 창교 님은 함께 일하던 동료의 추천으로 ㄱ업체에 왔다.

창교 님은 대학에서 인문학을 공부하다 적성에 맞지 않아 중퇴했다. 일본어를 좋아해 일본인을 상대로 관광가이드를 하려고 준비했다. 일본으로 넘어가 2년 동안 신문 배달, 식당 일을 하며 생활 일본어를 익혔다. 행사장에 설치하는 부스 자재를 빌려주는 일본의 유명

회사가 한국에 진출하면서 한국지사에 운 좋게 취업했다. 학력 대신 일본어 실력으로만 직원을 뽑은 덕이었다. 하지만 회사는 '수지가 안 맞는다'며 3년 만에 한국에서 철수했다. 창교 님은 실업자가 됐다. 일자리를 구하는 도중 생활비나 벌 요량으로 시작한 햄버거 배달이 6년이나 이어질 줄은 몰랐다. "나이는 먹고 돈은 계속 벌어야 하니까…. 오토바이 핸들잡이가 이렇게 길어질 줄은 정말 몰랐지." 라면을 먹으며 창교 님이 한숨을 쉬었다.

지난 4월 창교 님은 ㄱ업체에서 180만 원 정도를 벌었다. 햄버거 가게에서 배달 일을 하며 받은 월급과 비슷하다. 대신 햄버거 가게는 주휴수당도 있고 4대보험에도 가입됐다. "햄버거 가게는 주문 들어온 것만 배달하니까 덜 위험해. 여긴 돈은 될 것 같긴 한데 콜을 잡아야 하니까…. 신호 위반은 예삿일이고." 나는 배달기사 일을 그만둔 뒤 창교 님이 다른 햄버거 가게로 자리를 옮겼다는 소식을 들었다.

5월 6일 기자의 배달 대행 실적 27건

※주문업체 상호는 첫 글자 외 ○로 통일함
※시간은 배송완료 시각

번호	업체	배송지	시각
1	에○ 마포점	→ 공덕동	11:35
2	에○ 마포점	→ 대흥동	11:53
3	에○ 마포점	→ 상수	12:13
4	북○ 홍대점	→ 공덕동	12:56
5	라○ 공덕점	→ 공덕동	13:07
6	생○ 공덕점	→ 원효로	13:25
7	뚜○ 공덕점	→ 공덕동	13:52
8	사○ 공덕점	→ 신수동	14:02
9	아○ 공덕점	→ 도화동	14:14
10	코○ 마포공덕	→ 아현동	14:48
11	에○ 마포점	→ 아현동	15:05
12	김○ 공덕동	→ 만리동	15:20
13	바○ 도화동	→ 공덕동	15:50
14	육○ 공덕점	→ 아현동	15:55
15	라○ 공덕점	→ 충정로	16:07
16	엘○ 창천동	→ 도화동	17:42
17	키○ 창천동	→ 한강대로	17:59
18	순○ 마포점	→ 효창동	18:18
19	육○ 공덕점	→ 산천동	18:39
20	청○ 공덕동	→ 공덕동	19:02
21	포○ 공덕동	→ 도화동	19:16
22	라○ 공덕점	→ 도화동	19:16
23	육○ 공덕점	→ 도화동	19:26
24	수○ 도화동	→ 공덕동	19:51
25	에○ 마포공덕	→ 아현동	20:04
26	라○ 공덕점	→ 충정로	20:28
27	라○ 공덕점	→ 신공덕동	20:56

4번 콜 픽업 가면서 5·6번 콜 잡음

점심까지 15콜 잡음

21·22번 콜은 같은 집에서 배달 주문

5월15일 '용산의 아들' 준헌님의 배달대행 실적 49건

번호	업체	배송지	시각
1	돌○ 신촌점	→ 서교동	10:29
2	소○ 합정점	→ 성산동	10:43
3	쌍○ 연대점	→ 연희동	11:22
4	공○ 신촌점	→ 연희동	11:42
5	질○ 홍대점	→ 연희동	11:42
6	질○ 홍대점	→ 연희동	11:42
7	포○ 신촌점	→ 서교동	12:01
8	버○ 홍대점	→ 서교동	12:15
9	로○ 합정점	→ 합정동	12:24
10	질○ 홍대점	→ 합정동	12:34
11	김○	→ 창전동	12:39
12	여○ 서교점	→ 신수동	12:46
13	쏘○	→ 창전동	13:00
14	아○ 공덕점	→ 창전동	13:03
15	고○ 홍대점	→ 상수동	13:10
16	청○ 망원점	→ 서교동	13:27
17	오○	→ 서교동	13:50
18	질○ 홍대점	→ 창전동	13:55
19	찰○ 홍대점	→ 상수동	14:59
20	육○ 홍대점	→ 창전동	15:04
21	돌○ 신촌점	→ 홍익대	15:20
22	그○	→ 서교동	15:30
23	그○	→ 서교동	15:49
24	카○ 신촌점	→ 연남동	16:01
25	금○	→ 창천동	16:14
26	돌○	→ 상수동	16:22
27	낭○ 연남점	→ 서교동	16:35
28	소○ 합정점	→ 망원동	17:06
29	김○	→ 하중동	17:12
30	신○ 신촌점	→ 창전동	17:29
31	아○ 홍대점	→ 연희동	17:48
32	신○	→ 창천동	18:00
33	포○ 신촌점	→ 합정동	18:11
34	서○	→ 양평동	18:32
35	황○ 선유도	→ 양평동	18:35
36	브○ 여의도	→ 당산동	18:40
37	서○	→ 영등포동	18:50
38	소○	→ 당산동	18:58
39	떡○	→ 창전동	19:14
40	그○	→ 용강동	19:20
41	마○	→ 노고산동	19:43
42	순○ 마포점	→ 창천동	19:51
43	신○ 신촌점	→ 창천동	19:56
44	떡○	→ 망원동	20:04
45	만○ 홍대점	→ 연남동	20:12
46	김○ 연남점	→ 창천동	20:28
47	투○ 신촌점	→ 창천동	20:28
48	스○ 신촌점	→ 서교동	20:37
49	코○ 합정점	→ 상수동	20:45

4·5·6번 콜 같은 배송지 한번에 잡음. 일명 '개꿀콜'

점심까지 18콜 잡음

영등포 지역에 배달기사 부족해 이동

마포로 다시 복귀

46·47번 콜은 같은 집에서 배달 주문

10시 11시 12시 13시 14시 15시 16시 17시 18시 19시 20시

독립영화 감독인 박선명 님은 8월 크랭크인 예정인 영화 제작비 때문에 핸들을 잡았다. 저예산 영화라 제작사를 잡지 못했다. 제작비 2000만 원이 필요했다. 돈을 많이 벌 수 있을 것 같고, 일도 자유로운 편이라고 해 배달 대행을 시작했다. 영화를 준비하면서 돈도 벌 수 있을 것 같았다. 그런데 막상 배달 대행을 시작해보니 자율적인 시간 운용은 불가능했다.

선명 님은 주 5일 하루 12시간씩 꼬박꼬박 일했다. 그러다 비 오는 어느 일요일에 직진 차선에서 갑자기 좌회전 차선을 가로질러 유턴하는 차량에 오토바이 앞바퀴를 들이받혔다. 발목을 접질려 병원에 가야겠다고 관제에 연락했지만 "주문이 밀려 안 된다"는 답을 들었다. 아픈 발목을 절뚝이며 12시간 근무를 마쳤고, 일주일 뒤 회사를 그만뒀다. 선명 님은 "주변에서 다치는 걸 자주 본 데다 나도 사고를 당하니 더는 일하기가 무서워졌다"고 말했다.

선명 님이 일을 그만두기 3주 전, 이민수(39) 님이 일하던 도중 교통사고를 당해 무릎을 두 차례나 수술했다. 옷 가게를 접고 생활비를 벌 요량으로 ㄱ업체에 왔던 민수 님은 "결국엔 돈도 못 벌고 몸만 다치고 떠나야 했다"고 한숨을 지었다. 생활에 치여, 목돈이 필요해서, 가족을 위해, 배달대행업체를 떠나지 못하는 기사들은 결국 제 몸이 다친 뒤에야 배달업 현장을 떠나곤 했다.

한국노동연구원이 2016년에 낸 보고서 '배달대행 배달원의 종사실태 및 산재보험 적용 강화 방안 연구'를 보면, 음식 배달대행기사의 월 순소득액은 229만 5000원이다. '용산의 아들' 준헌 님은 "30개 치기가 어렵지, 한 번 넘으면 쑥쑥 는다"고 초보 기사인 나를 독려했다. 하지만 이 정도 소득이 일주일에 '72시간' 두 바퀴에 매여 아스팔트 위에 도사린 사고를 피해 다니는 대가로 만족스러운 수준인 걸까. 답이 떠오르지 않았다. '○○의 아들'들에게 다른 선택지는 없어 보였다.

한 손은 핸들,
한 손은 휴대전화

"연남동 하나 떴으니까, 제 예상으로는 연남동 가면서 ○○김밥 하나 뜨면 잡고, △△찜닭 하나 뜨면 잡고, 그러면 딱 좋겠는데…."

오토바이를 세 대나 갖고 있다는 영민(23) 님은 서울 마포구 서교동의 신흥 에이스다. 싹싹한 인상에 말투도 친절해 업장에서도 인기가 많다. ㄱ업체에서 일한 지 1년째인 영민 님이 정산하러 사무실에 들어오면 다들 물어본다. "오늘은 몇 개나 했냐? 한 70개 했냐?" 영민 님은 "아니에요" 하며 멋쩍게 웃었다.

영민 님은 대학에서 사진을 전공했다. 사진 찍는 게 마냥 좋아 사진과에 갔지만, 투자한 만큼 성공하기 쉽지 않아 보여 중도에 그만뒀다. 지금은 사이버대학에서 컴퓨터공학을 공부한다. 배달하고 쉬는 하루에 수업을 몰아 듣는다고 했다.

어느 날 영민 님이 만화 〈드래곤볼〉에 나오는 전투복같이 생긴 오토바이 전신 안전복을 입고 사무실에 왔다. '썸' 타고 있는 △△찜닭 알바생에게 보여주고 싶었는데 만나지 못했단다. 영민 님은 "전 보호장구에는 돈 안 아껴요. 바지 안쪽에 무릎보호대가 붙어 있는 청바지도 있어요"라고 했다. 그러나 영민 님은 '썸녀'에게 보여주고 싶을 때만 보호장구를 착용할 뿐, 정작 배달할 때는 무릎보호대조차 하지 않았다. "무릎보호대는 쉬는 날 착용해요. 일할 때 하면 콜 잡는 게 10개는 줄어들걸요. 12시간 내내 뛰어다녀야 하는데 자꾸 흘러내리고 불편해요." 콜 수가 줄어들까봐 부상 위험도 감수하는 영민 님은 퇴근 30분 전부터는 콜을 잡지 않았다. 썸녀와 함께 퇴근하기 위해서다. 연애는 위대했다.

내가 3주 가까이 일한 배달 대행 ㄱ업체와 ㄴ업체를 통틀어 헬멧을 제외한 무릎보호대 등 보호장구를 했던 이는 나를 제외하면, ㅁ햄버거와 배달대행업체에서 투잡을 뛰던 박경수 님, 그리고 입사 두 달 만에 "무서워서 더는 못 하겠다"고 퇴사한 박선명 님 2명뿐이었다. 무릎보호대가 흘러내릴까 뒤뚱거리며 뛰는 나를 보며, 다른 기사들은 "언제까지 하는지 보자"는 말을 이구동성으로 내뱉었다. 배달기사들이 보호장구마저 거추장스럽게 여기는 이유는 단 하나, 콜을 많이 잡는 데 방해가 되기 때문이다.

배달기사가 받는 콜 수수료는 주문 매장과 배송지까지의 거리에 따라 달라진다. ㄱ업체에서는 매장에서 배송지의 거리가 500m까지 2450원, 500m~1km 2750원, 1km~1.5km 3175원, 1.5km~2km 3675원 등으로 500m 단위로 수수료가 늘었다. 경력에 따라 1~4등급으로 나눠 근속 일수가 길수록 수수료를 조금 더 받았다. 근로복지공단에서 발표한 배달대행업체 기사 건당 평균 수수료가 3011원인 것을 고려하면, 배달 한 건당 20분씩 잡아도 최저시급을 살짝 웃도는 수준이다.

수수료 산정 기준이 되는 거리는 도로 사정을 고려하지 않은 지도상의 직선거리였다. 4월 27일 마포의 한 국숫집에서 숙명여대까지 내가 배달한 주행거리는 2.8km였지만, 지도상의 직선거리는 1.7km였다. 배달기사로서는 실제 주행거리와 직선거리를 최대한 일치시킬수록 효율적인 운행을 하는 셈이다. 차선을 넘나들며 자동차 사이를 주행하는 '칼치기'와 신호 위반, 횡단보도 주행이 반복될 수밖에 없는 이유이기도 하다.

두 번째로 일한 ㄴ업체에서 만난 이승준(23) 팀장의 특기는 '역주행'이었다. 용산 지역을 꽉 잡고 있어 '용산의 아들'로 불렸던 준헌 님은 중앙선을 타고 달리다 성민(47) 님에게 혼나기도 했다. "애새끼들이 위험한 줄 모르고 아무렇게나 타고 있어." 준헌 님은 ㄱ업체에서 일하는 1년 동안 크고 작은 교통사고를 열 번이나 당했다고 한다. 2016년 전국 오토바이 사고 건수는 1만 3076건으로 모두 428명이 사망했다. 지난해 서울 지역에서 교통사고로 목숨을 잃은 사람의 13%(48명)가 이륜차 사망자다.

내가 주문배달 대행인 ㄱ업체에서 배달 대행만 하는 ㄴ업체로 직장을 옮긴 첫날, ㅁㅁ치킨 픽업 → ◇◇떡볶이 픽업 → ㅁㅁ치킨 배송 → △△통닭 픽업 → △△통닭 배송 → ◇◇떡볶이 배송'을 51분 만에 끝냈다. 한 시간도 안 돼 세 건을 한 셈이지만, 이승준 팀장에겐 성에 차지 않는 듯했다. 그는 "여기 애들은 20분이면 세 개를 해요. 시속 60km 이상 달려야 돼요"라고 말했다. 20분에 세 개를 치려면, 조리시간과 현장 결제 등 대기시간을 제외하고 음식 하나당 픽업에서 배송까지 6분 정도밖에 걸리지 않는다는 뜻이다. 2011년 피자 배달 노동자의 죽음으로 폐지된 '30분 배달제'보다 턱없이 짧은 시간이다. 옆에서 김호윤 실장이 "나중에 익숙해지면 한 손으로 핸들 조작하고, 한 손으론 운행 중에 휴대전화 콜을 잡을 수 있을 거예요"라고 나를 독려했다.

김호윤 실장의 조언은 적확했다. 콜은 기사들의 사정을 봐주지 않았다. 잠시 신호에 걸렸을 때라도 울리면 좋으련만, 운행 중에 더 다급하게 울렸다. 남들보다 먼저 콜을 잡으려면 달리는 중에 휴대전화에서 손을 뗄 수 없다. "준법정신은 50점만 지키면 된다. 100점을 지키려고 하면 돈은 못 번다." 이기재 형님이 조언했다.

이런 업무 환경에서 교통사고는 예정된 사건이었다. 나는 업무에 적응될 때까지 최대 8주간 고정급을 주던 ㄱ업체에서 2주간 일하다, 완전 성과급제인 ㄴ업체로 직장을 옮겼다. 완전 성과급제인 ㄴ업체는 ㄱ업체보다 훨씬 경쟁적인 환경이었다. ㄱ업체에선 한 기사가 배달 앱으로 콜을 클릭하면, 다른 기사가 그 콜을 볼 수 없었다. ㄴ업체는 모든 기사가 동시에 콜을 확인할 수 있다. 그 결과 초 단위

콜 잡기 경쟁, '전투콜'이 벌어졌다. 실시간으로 주문 경과시간을 알려주는 플랫폼의 압박, 한 건이라도 콜을 더 잡아야 3000원을 벌 수 있다는 조급함, 하루 12시간 아스팔트 위에 있어야 하는 피로감 등이 전방위적으로 나를 압박해왔다. 그리고 이틀 만에 사고가 났다. 운전이 미숙한 개인의 탓도 있겠지만, 성과급제와 교통사고는 일종의 '패키지'였는지 모른다.

전투콜에서는 경쟁자였지만, 배달기사들은 경찰 단속 앞에서 빛나는 동료애를 발휘했다. 4월 29일 ㄱ업체 단톡방엔 경찰 단속을 알리는 문자가 다섯 번이나 올라왔다. "신촌 기차역 신호 무시 단속." "일방통행 단속." 불법 주행이 일상에 가까운 기사들은 이렇게 단속을 피했다. 한 건 배달해 3000원 남짓 손에 쥐는 기사들에게 수만 원짜리 딱지는 가장 두려운 존재다.

교통 신호도 배달을 하는 데 방해 요소일 뿐이다. 5월 4일, 신공덕동의 한 오피스텔에 샌드위치를 배달한 뒤 바로 길 건너 아파트에 김밥을 배송하러 가는 길이었다. 횡단보도로 달리면 곧장 넘어갈 수 있었지만 시간이 좀 더 걸리더라도 신호를 받아 유턴하기로 했다. 신호에 두 번 걸려 5분이 지나갔다. 뒤따르던 ㄷ콜과 ㄹ업체 소속 기사는 횡단보도에 파란불이 켜지자마자 얄밉게 도로를 건넜다. 이날 신호에 걸린 횟수는 세어본 것만 서른두 번, 신호에 걸린 시간은 35분이었다. '배달 대행으로 생계를 꾸리지 않아서 80점 정도의 준법정신을 유지하고 있구나'라는 생각이 들자 씁쓸했다. '용산의 아들'

준헌 님의 카카오톡 상태 메시지는 '10분이면 많은 걸 할 수 있다'였다.

한국노동연구원의 '배달대행 배달원의 종사 실태 및 산재보험 적용 강화 방안 연구' 보고서에는 교통사고로 내몰리는 배달기사들의 노동 여건이 나온다. 배달 지연 등 배달이 제대로 되지 않았을 때 배달기사 38%가 "음식값을 변제해야 한다"고 답했다. '건당 일정 금액을 물어낸다'는 답변도 35%에 달했다.(중복 응답) 돈을 벌려면 동료 기사들과 경쟁해 콜을 많이 잡아야 하는데, 콜을 많이 잡아 배달이 지연되면 기사 개인이 변상해야 한다. '죽음의 전투콜'은 건당 성과급과 쉴 새 없는 질주를 강요하는 플랫폼 환경이 빚어낸 괴물이었다.

세 번째
이야기

배달기사인 나는 사장인가요, 노동자인가요?

'배송업무 위탁계약서'

제6조('을'의 지위) : '을'은 '갑'의 근로자가 아닌 개인사업자의 지위로서 '갑'에게 종속되지 아니하며, 위탁업무는 '을'의 재량과 책임하에 수행하되, 본 계약서에서 약정한 사항을 성실히 이행할 의무를 부담한다.

"사인하세요."(ㄱ업체 교육 담당자) 지난 4월 19일 서울 강남구에 있는 배달 대행 ㄱ업체 본사 사무실에서 3시간 남짓 교육을 받았다. 교육이 끝날 무렵 담당자가 내민 'A4 종이' 석장에는 '근로계약서'가 아닌 '배송업무 위탁계약서'라는 낯선 단어가 적혀 있었다.

"그럼 이거 4대보험은 안 된다는 거죠?" 피자 가게, 배달대행업체 등에서 배달기사로 일해봤다는 동료 교육생에게 목소리를 낮춰 물었다. 그는 망설임 없이 사인하며 말했다. "우리는 개인사업자니까요. 그래도 여긴 산재(산재보험)는 가입시켜주잖아요."

기술의 발달, 위탁이라는 '선 긋기'

5월 4일 오후 1시 30분께 연남동으로 죽을 배달하고 나오는 길에 "사무실로 복귀하라"는 메시지가 찍혔다. 갑작스러운 지시에 '콜 개수가 적어서 관두라는 건가', '기자라는 걸 들켰나' 온갖 상상을 하며 도착한 사무실엔 재우 님, 민준 님, 하민 님도 앉아 있었다.

하민 님이 본부장에게 "본부장님, 저희 뭐 잘못한 거 있어요?"라고 물었다. 본부장이 "아, 거치대 교체하시라고요"라고 답하자, 하민 님은 "쫄았잖아요"라며 가슴을 쓸어내렸다. 이날 ㄱ업체 소속 배달기사들은 모두 '본사'가 마련한 거치대로 교체했다.

배달대행업체들은 배달기사와 '위탁 계약'을 맺는다. '철가방' 배달원은 음식점에 고용된 직원이지만 기사들은 개인사업자로 취급된다. 월급 대신 배달에 대한 수수료를 받아 간다는 점이 결정적인 차이다. 주문배달 앱 등 온라인 플랫폼이 발달하면서 생긴 새로운 직업군이다.

고객이 음식점에 주문하면, 음식점은 배달대행업체에 배달을 맡긴다. 이어 대행업체가 배달 앱에 콜을 띄우면 기사들이 콜을 잡는다. 과거엔 사업자가 '면대면' 지시를 했다면, 지금은 플랫폼을 통해서만 관계를 맺는다.

배달기사를 노동자가 아닌 '개인사업자'로 정의하기 위해선 업무 수행에 자율성을 보장한다는 전제가 성립해야 한다. 하지만 배달대행업체는 배달기사들을 '관리'했다. 내가 일했던 ㄱ업체는 '입사' 전 교육을 받아야 했고, 로고가 박힌 헬멧과 점퍼 등을 입어야 했다. 또 본부장이 사무실에 상주하며 기사들의 '근태'를 관리했고 '똥콜'을 강제 배차하기도 했다.

현장에는 직접고용의 노사 관계를 연상시키는 용어가 난무했다. 본부장은 '퇴사' 등을 언급하며 강하게 '근태 관리'를 했다. 김우현(25) 님이 4월 26일 두어 시간 지각하자 본부장이 다음 날 단톡방에서 "앞으로 무단결근 3회면 무조건 퇴사 조치하겠습니다"라고 공지한 게 대표적이다. 배달기사들은 ㄱ업체를 당연한 듯 '본사'로 불렀다. 20개월째 ㄱ업체에서 '완전 성과급제'로 일한 광연 님은 "나중에 퇴사하면 큰 회사 다녔다고 자랑할 거야"라고 말하곤 했다. 노동권이 필요할 때 이들은 회사 밖 '개인사업자'였고, 정작 일할 때는 회사 안 '노동자'였다.

사장님들이 만든 또 다른 '사장님'

"사고로 인한 오토바이 수리비, 퇴직금, 보험료가 발생하지 않습니다." "직원의 무단결근 기타 스트레스가 없습니다." "배달사원 모집 스트레스에서 해방됩니다." 한 배달대행업체가 음식점주를 대상으로 내건 광고 문구다. 배달대행업체를 이용하면 '한 달에 최대 250만 원을 절약할 수 있다'는 약속도 뒤따랐다.

이런 광고는 영세 자영업자의 '약한 고리'를 파고든다. 대행업체와 '위탁 계약'을 맺으면, 음식점 사장님들은 배달원을 '고용'했을 때 생기는 모든 책임에서 벗어난다. 대신 대행업체에 제공하는 가맹점비, 건당 발생하는 콜 수수료를 내면 된다.

플랫폼을 향유하는 배달대행업체도 배달기사와 근로계약 대신 위탁 계약을 맺는다. 이제 개인사업자가 된 배달기사들은 어디에도 위험을 호소할 수 없다. '사장님'과 '사장님'이 각종 책임을 면하기 위해 또 다른 '사장님'을 만들어낸 셈이다. '긱 이코노미'(gig economy)로 상찬받는 플랫폼 노동의 실체는, 하청업체에 위험을 떠넘기던 외주화의 원리와 크게 다를 바 없었다.

개인사업자가 된 배달기사들은 노동자로서 권리를 요구할 수 없다. 노동자가 아니기 때문에 노동삼권을 보장받지 못한다. 5월 1일 노동절에 일한다고 해서 휴일근로수당을 받을 수도 없다. 민준 님은 "근로자의 날은 회사 다니는 사람들만 쉬는 거예요. 우리는 개인사업자잖아요. 전 한 번도 쉬어본 적 없어요"라고 말했다. 승민 님도 "어젯밤에 웬 배달이 그렇게 많은가 했더니 오늘 근로자의 날이었구먼"이라고 말했다.

김종진 한국노동사회연구소 부소장은 “배달 중개업이 난립하면서 배달기사들에게 위험을 전가하는 구조가 굳어지고 있다”고 말했다.

산재보험에 가입하지 않는 이유

“산재(산재보험)에 가입할 필요를 못 느낀다.” 이기재 님은 단호하게 말했다. 기재 님은 산재보험 등 4대보험을 ‘장래의 일’로 미뤘다. 그는 “미래에 얼마 받을지 안 받을지 모르는 돈을 내는 것보다 지금 당장 내 주머니에 들어올 돈이 중요하다”고 말했다. 기재 님이 가입한 보험은 배송 과정에 파손 책임 등을 덜기 위해 드는 유상운송보험뿐이다.

2017년 3월 이후 배달대행업체 기사들도 산재보험 적용이 가능하지만 현장에선 그다지 환영받지 못하는 분위기였다. 기사들은 대부분 개인이 부담해야 하는 비용 탓에 가입을 꺼린다. 산재보험 가입을 문의하는 내게 업체뿐만 아니라 동료들도 “유난 떠는 것 아니냐”고 눈치를 줬다.

근로복지공단 조사 결과(2016)는 기재 님의 말을 뒷받침했다. 조사 결과를 보면 배달대행업체 기사의 38%만 산재보험에 가입했다고 답했고, 국민연금은 22%, 고용보험은 38%만 가입했다고 했다.

배달기사들이 스스로 산재보험 '적용 제외'를 신청하면 의무 가입 대상에서 벗어난다.

이들은 산재보험에 가입하고 싶지 않은 이유로 "보험료 때문에 보수가 더 낮아질 것 같아서"(18.8%), "국민연금이나 건강보험도 가입하라고 할 것 같아서"(25%), "근로자가 아니므로"(20.8%) 등을 꼽았다. 사정이 이렇다 보니, 업무상 사고를 산재로 처리해본 경험이 있는 사람도 2%에 그쳤다. 특수형태업무 종사자에 준해 산재보험에 가입하는 배달기사들은 사업주와 기사가 절반씩 보험료를 납부해야 한다.

'용산의 아들' 준헌 님은 산재보험이 필요하다고 말하는 내게 "사람이 그렇게 쉽게 죽지 않아요" 하고 웃어 넘겼다. 준헌 님은 약 2년간 배달대행기사로 일하면서 열 번 정도 교통사고를 경험했다고 한다.

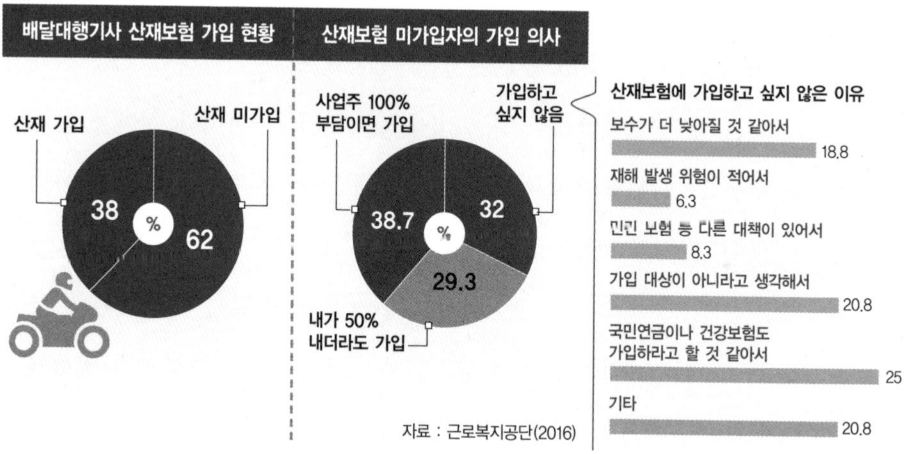

자료 : 근로복지공단(2016)

흔들리는 두 바퀴로 하루 12시간 도로 위를 내달리는 배달기사들에게 가장 절실한 것은 업무 현장의 안전일 것이다. 한국비정규노동센터의 '2015년 서울 지역 배달 아르바이트 실태조사'에선 사고 원인 1위로 "제한시간 내 배달 완료를 위해 무리하게 운전"(40%)이 꼽혔다. 이어 "건당 인센티브 받기 위해 무리하게 운전"(20%)이 뒤따랐다. 열에 여섯 명이 시간과 실적에 쫓겨 사고를 경험하지만, 사실상 안전장치는 전무한 셈이다.

이런 배달기사들에게 4대보험 역시 딴 세상의 일이었다. 기재 님은 "우리 업계에는 사고를 각자 해결한다는 '암묵적인 룰'이 있다. 제도권 바깥의 일인 것이다. 제도권 안에 있는 사람들의 잣대로 판단하면 안 된다"고 말했다. 노동권의 사각지대에서 일해온 기재 님에겐 안전보장을 묻는 것 자체가 '제도권 안쪽의' 낯선 일이었던 셈이다.

김종진 부소장은 "산재는 천재지변이 아니다. 사전 예방과 사후 관리가 안 돼서 생기는 사고를 종사자가 떠맡는 것은 말이 안 된다"며 "다른 직업군보다 사고의 위험성이 높은 배달대행기사들이 산재보험 가입을 망설이는 것은 그들의 잘못이 아니라 제도의 실패"라고 지적했다. 이어 김 부소장은 "배달대행기사들은 국민연금이나 고용보험에도 가입하지 않기 때문에 회사가 폐업하거나, 교통사고·해고 등으로 자리를 잃으면 곧바로 빈곤의 나락에 떨어질 우려가 크다"고 덧붙였다.

플랫폼 노동 그 후

배달대행기사는 기술 발달로 생긴 일자리인 '플랫폼 노동'의 대표적 사례다. 배달 앱 시장 1위인 '배달의 민족'의 월평균 주문 건수는 2018년 6월 기준 1900만 건이 넘었다. 2014년 500만 건에서 약 4년 새 네 배가량 늘었다. 배달 대행의 시장 규모는 연간 15조 원에 이르는 것으로 추산된다.

그러나 '긱 이코노미'의 이런 폭발적인 성장에는 불안한 일자리의 증가라는 대가가 뒤따른다. 국가인권위원회가 내놓은 '민간부문 비정규직 인권상황 실태조사'를 보면, 2015년 기준 특수고용 노동자는 218만여 명이다. 변화하는 기술 환경에 따라 저임금·불안정 일자리에 머무는 특수고용 노동자가 큰 폭으로 늘어나고 있는 것이다. 전문가들은 '대표적인 플랫폼 노동자인 배달대행기사들의 노동자성을 인정하는지' 여부에 4차 산업혁명 시대 일자리의 질이 달려 있을 것으로 보고 있다.

김종진 부소장은 "플랫폼 노동자인 배달대행기사의 노동자성을 두고 논쟁이 뜨겁다"며 "아이티(IT) 기술 발전에 따라 다양한 플랫폼 노동시장이 형성될 수 있는 만큼, 노동법이 플랫폼 노동자를 어느 선까지 포괄할 수 있을지 사회적 논의가 필요하다"고 말했다.

노동
orz
웹툰

두 바퀴는 불안한 삶을 싣고

약육강식
새끼야!
배달이 차선 하나
잡으면 어쩌자는 거야.
빽빽빽
갓길로 다녀
임마.
이상스레 조용했던 어느 날
?
저 멀리 할리데이비슨 무리가
줄지어 달리고 있었다.
슬금
슬금
배달기사 5일 차, 생존법을 터득했다.

똥콜
배달이다
예~
과거의 '철가방'이 식당 소속이었다면
요즘 기사들은 배달대행업체로-모인다.
다녀왔습니다.
하-죄다 똥콜이야.
어플로 주문 잡는 중
똥콜이 뭔데요?
외곽으로 가는 건데, 그러면 중간에 다른 주문을 못 받잖아요.
반대도 있어요! 업장 많은 곳 돌면 배달 중간에 다른 콜도 잡을 수 있어서 개꿀~ 개꿀콜!
기사들은 건당 3000원 가량의 수수료를 받는다.
코스 잘 짜려면 운행 중에도 계속 두드려줘야 돼요.

짝사랑
똥콜, 꿀콜이 어딨냐. 다 같은 콜이지.
난 지연콜부터 처리하는데 쟤들은 지들 코스만 잘 짜려고…
개꿀~
김 형님은 요즘 보기 드문 애사심의 소유자다.
저… 다음 달에 일주일만 쉴 수 있나요. 집에 일이 있어서…
2015년부터 쉬지 않고 주 6일, 하루 12시간 일했다.
배달에 휴가가 어딨습니까. 그건 직장인이나 쓰는 거지.
그때 바쁜 거 아시잖아요.
사실 형님이 사랑하는 이 '회사'는 형님을 고용한 적 없다.
배달기사는 '개인사업자'로 위탁계약을 맺고 있을 뿐이다.
몇 차례의 요청 끝에 지난 5월
털 털 털 털
형님은 일주일간 첫 장기 휴가를 떠났다.

운수 좋은 날
성과급들은 하는 만큼 버는 거야.
난 12시간 동안 83콜도 쳐봤어.
눈앞에 돈이 딱 보이니까 멈추질 못 하겠더라.
밥 먹을 시간도 없길래 핸들에 붕어빵 걸고 먹으면서 운전했잖아.
가끔 그렇게 운이 따라주는 날이 있어.
애들이랑 놀아줄 시간도 없지만…
애들도 돈 벌어오는 아빠를 더 좋아할걸?

주문번호: 31003
주문시간: 20:05:31
요청사항: 라면 불기 전에 가져다주세요.
21
B2
배달 오토바이는 지하주차장에 세워두세요.
너무 늦길래 밥 먹었어. 도로 가져가.
배달 지연
일방통행로 역주행하면 3분...
신호 지키면 16분...
온 우주의 기운이 액셀을 당기게 한다

바이크 로맨스
바이크 마니아 영민 님은
쉬는 날마다 라이딩을 즐긴다.
전 보호장구에
돈 안 아껴요.
근데 일할 땐
왜 보호장구를
안 해?
그거 하면 못 뛰잖아요.
콜 10개는 줄어들걸요?
보호장구를 하는 기사는
나까지 세 명뿐이었다.
큰 사고 나면
보호장구
하나 마나예요.
다칠 때 다쳐도
한 콜이라도
더 받아야죠.
간끔 무서울 만큼
콜 욕심을 보이는 영민 님이었지만
찜닭집 썸녀와 함께 퇴근하기 위해
퇴근 30분 전에는 콜을 잡지 않았다.
연애는 위대했다.

당첨
끼익
사이드 미러가 안 보이네...
끼익
대부분의 기사들은 한 달 40만 원 쯤의 리스 오토바이를 탔다.
뚜둑
??!?!??!!!?!??!???!?!
??!?!??????!!!!!!?
내가 빌린 건 주행 거리 5만 km의 낡은 오토바이.
뒤에선 빵빵거리지- 당장 배달은 두 건이나 있지- 너무 무서웠어요.
종종 부러지더라고...
근데 어차피 사이드미러 잘 안 보지 않아? 하핫
새로 받은 오토바이는 기사들의 기피 대상 1호였다.
결국 너가 타는구나
가끔 시동이 꺼지던데 놀라지 말구...

남은 몫
어플이 요란스레 반짝이며
배달시간 경과를 알렸다.
배달이 늦어 고객이 수령을 거부하면
음식값은 기사가 물어야 한다.
갓길에 오토바이를 대는데
급히 내린 탓인지 오토바이가 기우뚱했다.
핸들을 잡고 바로 세우려는 순간
액셀이 당겨져 도로로 튕겨나갔다.
파란불이었다면 난 어떻게 됐을까.

쓸린 다리가 뒤늦게 아려왔다.
배달 일은 늘 크고 작은 사고와 함께였다.
업체는 무리한 운행을 막기 위해
한 번에 받을 수 있는 콜 수 제한을 뒀는데
주문이 몰릴 땐 지원자에 한해
개수 제한을 풀어주기도 했다.
하루 10~12시간씩 3주 가까이 일하고
110만 5000원을 벌었다.
사고로 인한 수리비 22만 원과
산재보험이 되지 않는 치료비가
내 몫으로 남아 있다.

에필로그

'구속 노동'을 하는 배달기사에게 최소한의 노동권 보장을

'우측 대퇴부 좌상, 2주간의 가료를 요할 것으로 사료됨.'

지난 4월 말부터 5월 초까지 3주 가까이, 118시간 동안 일하며 남은 것은 오른쪽 다리의 흉터와 사고로 치른 오토바이 수리비 22만 원을 뺀 88만 5000원이었습니다.

같은 기간 근로기준법이 적용되는 노동자로 일했다고 가정하고 최저시급으로 급여를 계산해봤습니다. 하루 30분 휴게시간과 연장근로시간을 제외한 전체 기본 근무시간은 94시간입니다. 최저시급 7530원을 곱하면 70만 7820원입니다. 총 19시간 연장근로수당은 20만 8958원입니다. 5월 1일은 노동절이었습니다. 휴일근로수당 추가분 3만 120원이 더 붙습니다. 그리고 유급휴일수당 12만 480원을 더해 합계는 106만 원 정도입니다.

최저시급 노동자였다면 106만 원을 받을 수 있는데, 개인사업자

내 배달대행기사 수익과 노동자 최저시급 비교

내 배달대행기사 수익		같은 시간 노동자로 최저시급 받았다면
· **ㄱ업체** : 2주 근무 **100만 6000원** (입사 뒤 최소 2주에서 최대 8주까지 고정급제로 일함) · **ㄴ업체** : 2일 근무 **9만 9000원** (사고로 이틀만 근무) ➡ **110만 5000원**	기본 급여	· 94시간×최저시급 7530원=**70만 7820원** · 연장근로수당 : **20만 8958원** · 휴일근로수당 : **3만 120원** · 유급휴일수당 : **12만 480원** ➡ **106만 7378원**
· 오토바이 수리비 : **−22만 원 자부담** (위탁 계약으로 수리비 자부담)	교통사고 손실	· 오토바이 수리비 업주가 부담
· 치료비 : **−2만 2000원 자부담** **(산재보험 미가입)**	산업재해 여부	· **산재 인정 시** : 치료비 2만 2000원 전치 2주 휴업급여 72만 원 받을 수 있음
86만 3000원	총 합계	**106만 7378원**(산재 인정 시 180만 9378원)

로 일하며 110만 원을 벌고, 대신 수리비로 22만 원을 날린 셈입니다. 흉터와 치료비는 덤입니다. 개인사업자가 아니었다면, 업무 중 사고로 인한 부상과 오토바이 수리비는 업주의 책임이었을 것입니다. 산재보험에 가입해서 산업재해로 인정받았다면 일을 하지 못한 기간에 하루 6만 원 정도 휴업급여와 치료비 등도 받을 수 있었을 겁니다.

'4차 산업혁명'이라 일컬을 만큼 역동적으로 변하고 있는 산업구조의 중심에는 빠른 속도로 발전하는 기술이 있습니다. 전통적인 고용 관계는 사라지고, 자영업자를 연결하는 '플랫폼'만 커집니다. 그러나 개인사업자로 분류되는 '디지털 특수고용 노동자'의 근태 점검, 출결 체크 등에는 여전히 사업주의 편의를 위한 노무관리의 관성이 남아 있습니다. 기술은 왜 한쪽의 편의를 위해서만 발전하는 것일까요?

예기치 못한 사고로 일을 그만둔 지 이틀 만에 ㄱ업체에서 만난 동료 기사 경수 님의 문자 메시지를 받았습니다. "직원 채용, 업무 강도 절반, 4대보험 가입, 각종 수당 더하면 시급 1만 1000원." 경수 님은 햄버거 프랜차이즈에서 8시간 동안 배달하고, 배달대행업체에서 파트타임 '투잡'을 뛰는 분입니다. 낑낑거리며 배달하던 내가 위태로워 보였는지 '직접고용'의 세계로 손을 내밀어주신 겁니다. 그는 이전에도 '4대보험의 위대함'을 말하곤 했습니다. 경수 님은 노동자 있는 곳에 노동권이 있어야 한다는 사실을 몸으로 깨달은 셈입니다.

정도의 차이는 있었지만 배달대행업체 기사들은 모두 출·퇴근 시간, 업무 배차 등 플랫폼 관리자의 업무 지시를 받았습니다. '구속된 노동'을 하는 배달기사들에게 최소한의 노동권을 보장해주는 일이 그렇게 어려운 일인가요?

번외편

취재

게임업계 '크런치 모드' 경험 실패기

임재우

"대표적인 신성장 산업인 게임업계의 숨겨진 취약 노동자 큐에이(QA)의 일터를 들여다보고자 한다."

'노동orz' 기획에 참여하며 팀장에게 제출한 발제안의 첫 문장이다. '구로디지털단지의 등대'라고 불릴 만큼 장시간 노동으로 악명 높은 게임업계에서도 잘 알려지지 않은 취약 직군인 '큐에이'(게임이 일정 수준의 품질을 가질 수 있도록 각종 테스트와 검수 작업을 하는 직종)로 취직해 내밀한 근무환경까지 살피겠다는 포부였다. 게임업계 전문 취업 누리집을 통해 10여 장의 이력서를 돌렸다. 게임업체의 지원 업무를 전담하는 한 회사에 가까스로 취직했다. 계획했던 큐에이가 아닌 파견직 게임 모니터링 업무였다.

지난 4월 2일 ㄱ업체에 첫 출근을 해 12일까지 약 2주간 근무했다. 처음 일주일은 업무를 익힐 목적으로 '말 그대로' 게임만 했다. 이후에는 담당 게임 게시판을 살피며 '버그'나 '서버 이상' 신고가 있는지 점검하는 모니터링 업무를 했다. 노동 여건이 상대적으로 양호해 '게임업계의 내밀한 환경'과는 다소 동떨어져 있었다. 당초 목표한 '크런치 모드'(게임 출시를 앞두고 극한의 장시간 업무를 지속하는 것)를 경험하기도 힘들어 보였다. 이대로는 안 된다는 위기감이 들었고, 결국 퇴사를 결정했다. 심기일전해 애초 목표했던 큐에이로 취직할 계획이었다. 다시 10여 장의 이력서를 돌렸다. 하지만 관련 스펙이 전무한 문과 출신 '라이트 게임유저'에게 자리를 내줄 만큼 만만한 회사는 없었다. 결과적으로, 나는 실패기를 쓰게 됐다.

게임업계는 철야가 일상화된 곳이다. 유명 게임업체 넷마블 관계사에서는 2016년 7월 30대 직원이 돌연사하고, 같은 해 11월 본사의 20대 직원이 급성 심근경색으로 과로사할 정도다. 고용노동부가 지난해 3~4월 12개의 주요 게임회사를 근로감독한 결과를 보면, 12개사 노동자 3250명 중 63.3%인 2057명이 주 12시간의 연장근로 한도를 초과했다. 노동자들은 '연장근로수당 미지급' 등으로 44억여 원의 임금을 제대로 받지 못했다. 고용노동부는 '크런치 모드와 관행화된 초과 근로'를 원인으로 꼽았다.

'크런치 모드'는 '고질병'이다. 수없이 지적됐지만 고쳐지지 않는다. 게임개발자연대의 김환민 사무국장은 크런치 모드가 반복되는 이유에 대해 한국 게임시장의 '갑을 관계' 고착화를 꼽았다. 그는 "게임 환경이 모바일 중심으로 개편되면서 수많은 개발사가 뛰어들었다. 유통과 마케팅을 책임지는 대형 퍼블리셔들이 과잉 공급된 개발사들을 입맛대로 '쇼핑'하는 게 가능해졌다"고 설명했다. '갑'인 퍼블리셔가 무리하거나 변덕스러운 요구를 해도 '을'인 개발사들이 저항할 수단이 없다. 결과적으로 개발사는 퍼블리셔의 요청에 따르기 위해 인력을 '갈아 넣는다'.

'포괄임금제'도 오래된 문제다. 포괄임금제는 기본급에 평일 연장근로나 휴일근로수당을 포함해 지급하는 제도를 말한다. 업무시간이 늘어도 임금에 변화가 없기 때문에 '공짜 야근'을 양산하는 원흉으로 꼽힌다. 한 게임업체에서 큐에이로 일했던 ㄱ(29) 씨는 "새벽 12시, 1시까지 일하고 퇴근하는 경우가 태반이지만 추가 수당은 못 받는다. 교통비만 주는 정도"라며 "모두가 문제인 줄 알지만 아무도 건들지 못하는 문제가 바로 포괄임금제"라고 말했다.

하지만 게임업계 진입에 실패한 나는 이런 문제를 다시 '겉핥기'로 언급할 수밖에 없다. 다만 짧은 '위장취업'에서도 게임업계의 '체념적 분위기'는 느낄 수 있었다. ㄱ 씨는 게임업계의 과중한 업무 환경이 '웬만해선 바뀌지 않을 것'이라고 단언했다. "사람이 죽고, 정부가 단속하면 그때뿐이에요. 몇몇 대기업은 몰라도 그 밑에서 하청을 받는 대부분의 개발사들, 자회사들은 바뀌지 않아요. 직원이 철야를 하지 않으면 유지될 수 없는 회사들이니까요."

ㄱ업체에서 함께 게임 모니터링 업무를 하며 문제가 발생하면 새벽에도 개발자들을 깨워야 했던 동료가 비슷한 말을 했다. "회사에 불쌍하지 않은 사람이 어딨겠어요. 저도 그 사람 깨우려면 새벽에 눈 뜨고 있어야 하잖아요. 누군가는 24시간 대기하고, 누군가는 철야를 해야 돌아가는 곳이에요. 모두가 불행하면 아무도 불행하지 않은 거죠." '모두가 불행하면 아무도 불행하지 않은 것'이라는 체념은 어디서 온 것일까. 등대의 언저리에만 머물렀던 나는 그 아득하고 복잡한 체념의 밑바닥을 들여다보지 못했다.

‘노동orz’ 기획
이렇게
만들었습니다

노동 orz의 시작
제안을 하나 하지.
거절은 거절한다.
2018년 1월, 한겨레 사회부 회의 시간
10년 전 한겨레 21에 '노동 OTL' 연재한 거 기억하지?
사회부 24시 팀 노현웅 팀장
이번에도 노동 현장에서 직접 일해보고 기사를 써보면 어떨까.
끄덕
끄덕
이력서 쓰는 게 얼마 만이냐.
일자리 알아보는 중
헐~기자 경력 빼면 나 완전히 무능력자네.
나도.
하하
그땐 몰랐다.
우리 앞에 어떤 미래가 놓여 있을지.
그렇게 우리는 약 3주-한 달 간격으로
한겨레
하하하하
공장, 콜센터, 초단시간 아르바이트, 배달노동을 하게 됐다.

첫 타자가 힘든 법
첫 타자 고한솔은 야간노동 취재를 위해 인쇄회로기판(PCB) 제조공장을 택했다.
일자리 선정에는 깐깐한 조건이 있었다.
노동시장의 모순이 잘 드러나면서, 많은 사람들의 공감을 이끌어낼 수 있는 직업군이어야 했다.
열흘 뒤..
대기자가 많다고 신참은 야간노동 안 시켜준답니다.
분명 파견업체에선 주야 맞교대 시켜준댔는데...
다른 공장 알아봐야겠네.
하.. 실컷 일했는데 기사에 쓸 수 없어...
아깝다~ 그러게 잘 알아보고 갔어야죠.
임재우
마지막 타자로 게임업체에 취직했으나 예상과 다른 노동환경에 2주간 일하다 결국 취재 철수하고 나옴.
내 사전에 취재 실패는 없다!

기록의 중요성
기억해야 해... 기억해야...
콜센터 노동자 신민정
매일 퇴근 후엔 기사를 위해 그날의 대화와 사건을 기록해야 했다.
...그러자 고객이 내게 '왜 이렇게 말귀를 못 알아듣냐, 니가 그러니까 거기 앉아서 일하지' 라며 소리를 치기 시작했...
캬아아악!!! 사람이!! 말귀를! 좀! 못 알아먹을 수도 있지!!!!!
쾅
쾅
xx 바쁘면 사람을 더 쓰라고 xxx!!! xxx 물 마시는 것도 xxx 눈치 주냐? xxx xxxxx!!!!!
꽈드득
초단시간 알바노동자 황금비
나중에 웹툰 작업을 위해 작가에게 일지를 보내려는데..
앗
내가 이런 말을 썼다고...?
쉬는시간 없이 일했다.
xxx 살려줘 ^%#^***
0월 00일 수요일
기자인게 들통나면 좋겠다
xxx *%##$ 제발
작가님-힘들어서 거친 말을 많이 썼는데 잘 걸러 봐주세요 ㅠㅠ

다치면 안돼
선배 다치면 안 돼요!
야 진짜 걱정 마! 나 스쿠터 잘 타!
배달노동자 장수경은 투입 직전까지 팀원들의 걱정을 한 몸에 받았다.
3주 뒤
와-
이제 배달 안 해도 되는 걸까.
그 와중에 딱 드는 생각이 '근데 이렇게 그만두면 기사는 어떡하지'였어.
소오-름
지독하다 지독해-
그래서 도로에 엎어진 채로 바로 팀장한테 전화했잖아.
끄흐으흑흑 선배~ 저 다쳤어요 흐엉
뭐? 너 어디야?!
뚜- 뚜-
여보세요?! 여보세요!!!
장 기자는 팀장이 걱정할까봐 '하소연만 하고' 병원 이름을 알려주지 않았다.

팀장의 취재력 vs 장 기자의 직업정신
깜짝이야!!!!! 저 여깄는 줄 어떻게 아셨어요??
괜찮냐.
스윽
미치겠네. 아니 왜 병원 이름을 안 알려줘!
어디로 갈까요?
그게...
주 배달지는 마포-신촌 일대입니다.
여동생이 사고가 났다는데 어느 병원에 간지 모르겠어요. 신촌 어디라는데...
아 그럼 갈 만한 병원이 한 곳뿐이야. 걱정 마셔.
연기력 폭발
...이렇게 찾아왔지. 어떠냐 나의 취재력.
와우
짝
짝
짝
그나저나 선배, 이 사업장 산재 가입이 안 돼 있어요. 다행이죠?
그게 왜 다행이야?
기사에 쓸 게 하나 늘었잖아요.
헤헤
야, 이씨.

취재 orz
예전에도 안산에 위장취업해서 취재했던 분이 있었는데 이번 노동 orz 기사를 보니 다시 생각나네요. 그분 잘 지내시나요?
취직 전 알바하며 힘들었던 때가 생각나 메일 보내봅니다.
아내가 임신 9개월인데 콜센터 상담원으로 일해요. 아내 걱정에 한숨이 나네요.
OO 공고 교사입니다. 배달일 하는 제자들이 많아 가슴이 아팠습니다.
일하면서 각자 깨달은 게 있다. 노동의 의미와 일하는 사람들의 사연을 모두 담기에 한 달은 충분치 않았다.
온몸으로 부딪힌 경험을 정제된 글로 옮기면서 채 담지 못한 부분이 많았던 것도 사실이다.
그래서 혹시 다음 기획이 있다면 또 해볼 의사가 있으신가요?
하하 이게 진짜 너-무 힘들어서… 하하하…
정말 좋은 경험이라 다른 사람에게도 기회를…

맺음말

법 제도의 힘이 미치지 않는 공백지에서 벌어지는 폭력의 기록

'노동orz'가 기록한 노동 현장은 지금 현재 한국 사회 노동시장의 모순이 가장 집적된 곳들입니다. 노동시장이란 본인의 몸을 움직이는 노동력을 상품처럼 내놓는 어찌 보면 살풍경한 곳입니다. 더구나 이 시장의 거래 당사자인 자본과 노동은 절대적인 힘의 격차를 보입니다. 그래서 우리는 노동법을 만듭니다. 노동시장을 지탱하는 원리가 돈이 아닌 인간이 되도록 '노동권'을 법적으로 보장하는 것입니다. 노동자의 권리와 그들의 안전한 삶에 대한 고민은 결과적으로 노동관계법령으로 모일 수밖에 없습니다. 그래서 노동orz 기획이 그려낸 노동 현장의 정밀화는 우리 노동법의 힘이 미치지 않는 공백지에서 벌어지는 '폭력의 기록'이기도 합니다.

1부에서 살펴본 경기·인천 지역 '제조업체의 주야 맞교대'가 지적하는 장시간 노동은 '인간다운 노동'에 대한 근본적인 물음입니다. 지난 7월 고용노동부가 발간한 '통계로 보는 우리나라 노동시장의 모습'에 따르면, 한국의 임금노동자는 연간 2052시간을 일하고 있습니다. 경제협력개발기구(OECD) 나라들 가운데 멕시코에 이어 두 번째로 오래 일합니다. '저녁이 있는 삶', '워라밸' 등 사회적 요구가 거센 것은, 그만큼 우리 노동자들이 오랜 기간 장시간 노동에 시달려왔다는 방증일 것입니다.

이에 국회는 근로기준법을 개정해 '주당 52시간 근무'를 못 박았습니다. 사업주에 대한 처벌은 6개월 유예했지만, 2019년부터는 근로감독과 형사 처벌도 실시할 예정입니다. 적어도 잠에서 깨면 회사에 가서 일하고, 퇴근하면 다시 집에 돌아와 잠만 자는 '기계 부속품' 같은 노동은 사라지기를 기대해봅니다.

장시간 노동에 대한 문제의식은 업무와 사생활을 구분하려는 움직임으로 이어지고 있습니다. 국회에는 퇴근 뒤 업무 지시 등을 금지하는 '퇴근 후 카톡 금지법'이 발의돼 있습니다. 업무에 대한 압박이 가정으로 이어지는 것을 막기 위해 퇴근 이후 업무 지시와 관련 보고 등을 금지하자는 근로기준법 개정안입니다. 어디부터가 업무 지시인지, 사적인 연락은 괜찮은지 등 애매한 대목이 많아 국회를 통과하기는 어려워 보이지만, 노동권에 대한 문제의식을 담은 입법 활동은 그 자체로 긍정적인 노력이라 볼 수 있습니다.

아직 입법 노력까지 닿지는 못했지만, 야간 노동과 교대제 노동에 대한 제도 개선도 뒤따라야 할 것입니다. 주된 노동 시간이 자주 변경되거나, 낮밤이 뒤바뀐 삶을 사는 것 자체가 노동자의 건강과 신체의 안정에 심각한 영향을 미칠 수 있는 문제이기 때문입니다. 유럽의 경우 '정상적인 낮시간(아침 7시부터 저녁 7시까지)을 제외한 시간대의 노동'을 노동관계 법령에 별도로 규정해 이같은 교대제 노동·야근의 실태가 법적인 규제 대상이 될 수 있음을 명시하고 있습니다. 그러나 한국의 경우 장시간 노동에 익숙한 업무 관행과 역동적인 산업 활동에 대한 향수 등이 복합적으로 작용해 아직은 제도 개선에 대한 요구가 미미한 실정입니다. 경제 체질의 개선과 함께 점진적인 변화를 모색해야 할 것으로 보입니다. 장시간 노동의 문제는 또 저임금 노동과도 긴밀하게 연결돼 있습니다. '저녁이 있는 삶'보다 '저녁밥을 살 수 있는 돈'이 더 긴요한 '워킹 푸어'가 존재하는 이상 장시간 노동은 '강요된 선택'이 될 수밖에 없기 때문입니다. 최저임금 인상 등 제도적 노력이 종합적으로 뒷받침돼야 해법을 마련할 수 있을 것입니다.

2부에 등장한 콜센터 노동자는 '감정노동'과 '감시노동'의 이중고를 겪고 있습니다. 친절을 으뜸가는 덕목으로 여기며 고객을 대하는 콜센터 노동자들은 폭언과 괴롭힘, 때론 노골적인 언어적 성희롱에 마음속부터 병들어가는 경우가 많습니다. 앞서 국회는 지난 3월 '감정노동자 보호법'(산업안전보건법 개정안)을 마련했습니다. 사업주에게 콜센터 노동자를 보호할 의무를 갖도록 하는 내용입니다. 그러나 감정노동자 보호법이 직접 고객을 응대하는 콜센터 노동자 등에게만 감정노동을 인정한 점은 아쉬운 대목입니다. 사업주에게 부과된 '노동자를 보호할 의무'가 미약하다는 지적도 있습니다. 고객의 '갑질'과 직장 내 괴롭힘, 업무상 스트레스 등 마음을 병들게 하는 폭력으로부터 자유로울 수 있는 노동자는 사실상 거의 없습니다. 감정노동에 대한 10년여 문제 제기가 감정노동자 보호법 개정으로 이어진 것처럼, 이 법이 모든 노동자를 잘 보호할 수 있도록 지속적으로 요구하고 따져봐야 합니다.

IT 기술 발전으로 진화하고 있는 감시노동은 아직 법 제도가 대응책을 마련하지 못한 경우입니다. 통화 품질을 점검하기 위한 일상적인 전화 녹취와 화장실 이용까지 모두 보고해야 하는 '이석 관리'는 명백한 인권 침해지만, 여전히 콜센터 노동 현장에서는 메신저 등의 전자감시 체계에 기반한 비인격적 노무관리가 일상적으로 이뤄지고 있습니다. '직장 내 괴롭힘 방지법' 등 입법을 통해 노무관리과 인권 침해의 경계를 잘 구분지어야 합니다.

법 제도의 사각지대라는 점에서 3부에서 짚은 '초단시간 노동 현장'의 모습도 많은 고민거리를 던집니다. 근로계약서에 표기된 소정근로시간을 기준으로 주당 15시간에 미치지 못하는 초단시간 노동자는 근로기준법이 정하고 있는 대부분의 혜택을 누릴 수 없는 '예외 노동자'로 취급받습니다. 초단시간 노동자는 유급휴가도 유급휴일도 누리지 못합니다. 고용보험 가입 대상이 아니며, 퇴직금도 받을 수 없습니다. 종업원 1~2명을 '알바'로 고용하는 영세 자영업자에게 너무 많은 부담을 지우지 않기 위한 측면이 있습니다만, 근로기준법 대다수 조항에 예외로 작용해 사실상 '치외법권'을 마련해준 셈입니다. 실제 시간제 노동자를 채용하는 사용자들은 인건비 절감을 위해 '주당 14시간 30분' 등 쪼개기 계약을 하는 경우가 많습니다. 합법의 경계에서 실리를 챙기는 것입니다. 문제는 '초단시간 노동자' 역시 용돈벌이 알바생이 아닌, 생계를 위한 노동인 경우가 많다는 점입니다. 정규직·상용직 일자리가 갈수록 줄어들면서 여러 곳에서 초단시간 노동을 하며 생활하는 '프리터족' 등이 늘고 있습니다. 노동계에서는 주당 15시간 미만 초단시간 노동자가 50만여 명에 이를 것으로 추산하고 있습니다. 이들 모두가 '알바생'이라는 이유로 노동법의 보호를 받지 못한다면, 자영업자를 위해 뚫어놓은 '숨구멍'이 너무도 큰 셈입니다.

4부에 등장한 플랫폼 노동자의 노동권은 기술 발전을 멀리서 뒤쫓고 있는 법 제도의 숙제를 드러냈습니다. 배달대행업체 등 온라인 플랫폼을 바탕으로 생산자와 수요자가 만나는 'O2O(Online to Offline) 산업 현장'에서 노동자들은 특정 사업주에 종속되지 않고 자유롭게 일하는 듯 보입니다. 배달 한 건당 2~3천 원을 '수수료'처럼 받는 배달대행 라이더들은 겉보기에 어엿한 자영업자입니다.

그러나 이들이 제공하는 노동은 사업장에 소속된 노동자들과 크게 다르지 않습니다. 플랫폼 업체는 배달대행 라이더의 출퇴근, 지각 등 근태 관리를 합니다. 라이더들의 위치 정보를 확인하기도 합니다. 업체가 고정급을 주는 경우도 있고, 오토바이를 제공하기도 합니다. 사업장에 소속된 배달부와 다를 바 없습니다. 하지만 노동법은 이들을 노동자로 보지 않습니다. 어쨌건 배달대행 라이더들은 '근로계약서'가 아닌 '배달위탁계약서'에 서명하기 때문입니다. 이에 배달대행 라이더들은 근로기준법 등 노동법의 보호를 받지 못합니다. 언제라도 계약이 해지될 수 있고, 최저임금도 받을 수 없으며, 4대보험 혜택도 받지 못합니다.

이들에 대해서는 특수형태근로종사자 관련 법조항을 확대 적용하는 방안을 먼저 고민해볼 수 있습니다. 학습지 교사·골프장 경기보조원·화물차 운전자 등 특수형태근로종사자는 플랫폼 노동자와 비슷하게, 노동자도 아닌 자영업자도 아닌 중간 영역에 있는 노동자입니다. 본인의 실적에 따라 수수료를 받기 때문에 '노동자성'을 인정받지 못하지만, 경제적으론 업체에 종속돼 사실상 노동자와 다를 바 없는 경우입니다. 이들의 불안정한 지위에 대한 문제 제기에 현행법(산업재해보상보험법)은 특수형태근로종사자도 노동자와 마찬가지로 산업재해 등 혜택을 누릴 수 있도록 규정하고 있습니다. 특수형태근로종사자의 범위를 넓혀 플랫폼 노동자를 끌어안는 노력을 해야 할 것입니다.

보다 근본적으로는 전통적인 노동법이 보호하지 못하는 새로운 유형의 노동자들에게 최소한의 인권과 안전을 제공하는 새로운 입법 태도를 고민해야 합니다. 특수형태근로종사자를 보호하는 기존 노동법에 대해서는 실효성이 떨어진다는 지적도 많습니다. 플랫폼 사업자의 사회적 책임을 요구하는 프랑스의 '엘코므리법' 등이 한 사례가 될 수 있습니다.

노동법의 존재 이유는 노동시장의 '절대 강자'인 자본으로부터 약자인 노동자를 보호하는 데 있습니다. 기술 발전, 산업의 고도화에 따라 노동이 발 디딜 곳은 갈수록 좁아지고 있습니다. 변화하는 노동의 존재 형식에 발맞춰 법 제도 역시 끊임없이 진화해야 하는 까닭입니다. 우리, 노동자들이 더 낮게 웅크려 왜소해지지 않기 위해서 말입니다.

—저자들을 대표하여 노현웅